CFO視点で考える
リスクファイナンス

顧客本位のコンサルティングセールス

加藤　晃　著

保険毎日新聞社

まえがき

　本書をお買い求めいただきありがとうございます。この本を手に取られた貴方は、恐らくこれまでの保険営業に必ずしも満足していない、向上心のある方ではではないかと推察されます。本書のテーマは「経営財務と保険営業の融合」です。保険の販売に際しては、誤解がないように説明しなければならないことは当然ですが、しっかりしたコンサルティングを行うには会計や財務の知識もある程度必要ではないでしょうか。それというのも、保険購買の実質的な意思決定者である財務知識を持った担当者は、実は保険が欲しいのではありません。彼らが欲しいのは、会計年度が終わった時に、どんな事故や災害があっても財務諸表が大きく毀損することなく事業を継続できる財務の安定性です。しかも、低コストでという条件が付きます。保険を生業にする人にとっては保険が全てですが、経営者・財務担当者にとっては数あるリスクヘッジの手段の一つで、投資活動なのです。

　本書を執筆するきっかけは、保険業界を取り巻く事業環境の変化です。数え挙げれば切りがありませんが、護送船団方式といわれた時代から３つ目の大きな変化が生じていると考えています。

　１つ目は、1998年に始まった金融ビッグバンです。損害保険料率算出団体に関する法律が改正され、BtoC（個人向け）では自動車保険の通販が始まり、代理店の統廃合に進んでいきました。筆者は、1997年に『保険マーケティングの発見　無形商品の売り方』（保険毎日新聞社・刊）と言う本を上梓しました。規制緩和で競争ルールが変わることによって経営戦略の幅が広がり、その成否が業績に表れることをテーマとしたものです。マーケティングミックスが大きく変化したことは周知のとおりです。

　２つ目は、米国で起きたエンロン・ワールドコム事件を契機に、日本

では 2006 年〜 2008 年にかけて内部統制関連の法律が成立したことです。折しも生損保業界では保険金不払い問題が世間を騒がせ、コンプライアンス（法令遵守）が時代のキーワードとなりました。規制緩和の裏返しとして自己責任体制の確立を目指した動きと理解すべきかもしれません。当時、筆者の同僚も分厚い規程作りに忙殺されていましたが、形式的な手続き論に終始していると思われたものです。郷原信郎氏は、「組織内には違法リスクを恐れて新たな試みを敬遠する『事なかれ主義』が蔓延し、モチベーションを低下させ、組織内に閉塞感を漂わせる結果になっていることを感じています」と述べています。それでも、これらの事象は巨視的に見れば、業界内での出来事と言えそうです。

　他方３つ目の大波は、業界外で起きて社会全体に広がっています。その１は、株主総会における議決権行使とエンゲージメント（経営者と投資家の建設的対話）等を通して「もの言う株主」が企業の経営戦略と意思決定に与えた影響です。「2016 年度株式分布状況調査」によれば、投資部門別において外国法人等は信託・生損保・その他金融機関の合計を抑えて第１位（30.1％）となり、企業の意思決定に影響を及ぼす存在となっています。一方、国内の機関投資家も責任ある投資家行動を求める「スチュワードシップ・コード」の制定・改定により、その議決権行使行動を変化させています。更に、企業のあるべきガバナンス指針を示した「コーポレートガバナンス・コード」によって企業側にも変化が見られます。具体的には、欧米に比べて低かった ROE は 10％を超え、独立社外取締役の複数選任、株式相互持合いの減少、総還元性向の増加、株主提案の増加、女性管理職・役員の登用などかなりの変化がみられます。これらは株主の権利を行使することによるエクイティガバナンスの成果と言えましょう。事業機会とリスクはコインの裏表の関係にあります。事業機会に伴うリスク、その影響度と対応策は投資の意思決定における重要ポイントです。その価値判断基準は欧米流のコーポレートファ

イナンスであり、投資先企業にも求めるようになってきました。実際、経営戦略とコーポレートファイナンスは車の両輪であり、CFOの地位は相対的に高まっていると考えられます。

その2は、AI（人工知能）の進化です。近未来に消滅する仕事などを列挙したセンセーショナルな書籍が多数出版されていますが、人間の社会的衝動（共感、自尊心、困惑、正義、連帯意識など）に応える仕事は生き残る、との議論は説得力があります。これらは高質なコンサルティング活動を支えるキーワードと考えられます。

このように見てくると変化の胎動は何年か前に始まり、偶然かもしれませんが1998年から概ね10年おきに事業環境の変化が本格化したと思われます。第三の波での生き残りポイントは、CFO及びそのスタッフとのコミュニケーションであり、コーポレートファイナンス（経営財務）は共通言語と言えましょう。なお、想定される読者層は、保険会社に勤務する営業・直販社員及び代理店ですが、保険を担当するCFO、財務・総務部の方にも参考になるように配慮して書いたつもりです。また、対象とする企業規模は中堅・大企業ですが、意識の高い中小企業経営者にももちろん有効です。

本書はPartⅠ～PartⅢの3部構成になっています。

PartⅠ：第1章では保険購買の意思決定をするCFOの関心、経営財務の位置づけ、第2章ではリスクとは何か、リスクマネジメントの基礎、第3章では資本とリスクの関係、保険の位置づけについて説明します。第4章は会計と財務分析の基礎、第5章はコーポレートファイナンスの基礎です。既に学習されている読者は飛ばしていただいても結構です。第6章は企業を取り巻くステークホルダーの利害関係、保険の効用について考察し、第7章は有価証券報告書を読み込むノウハウを解説します。

PartⅡ：リスクを1）信用リスク・戦略リスク、2）オペレーショナルリスク、3）役員リスクに区分して、それぞれのリスクの特徴と経営財務への影響、筆者の体験談なども盛り込みました。キャプティブ再保険会社についても概説します。

　PartⅢ：筆者が業界誌や新聞に連載した論考を、許可を得て転載します。テーマは、リスクコスト、リスクマネジメントは義務か、BCP、有価証券報告書等を使った事例分析、最後にキーワードをまとめて解説します。

　本書によって、新たなアプローチができた、コンサルティングの幅が広がった、お客様との距離が縮まった…など、実務のお役に立てたなら望外の喜びです。

2018年8月吉日

加　藤　　　晃

もくじ

Part I ... 9

第1章 CFO ... 10
- **1.1** CFOとは ... 10
  - **1.1.1** CFOの役割 ... 10
  - **1.1.2** ファイナンス理論とCFO ... 15
- **1.2** CFOが重視する経営指標 ... 16
- **1.3** ターゲット企業と機関代理店 ... 17

第2章 リスクとRM ... 21
- **2.1** リスク ... 21
  - **2.1.1** リスクとは何か ... 21
  - **2.1.2** リスクファイナンスの目的と定義 ... 25
  - **2.1.3** リスクコスト ... 27
  - **2.1.4** リスク・ファイナンスの種類 ... 29
- **2.2** リスクマネジメントの基礎 ... 31
  - **2.2.1** 経営方針から最終責任まで ... 31
  - **2.2.2** ERM ... 37

第3章 資本とリスクの統合 ... 40
- **3.1.1** 資本とリスクの統合モデル（試み）... 40
- **3.1.2** 事業リスクと必要資本 ... 41
- **3.1.3** ROE革命？ ... 43

第4章 会計と財務分析の基礎 ... 45
- **4.1** 企業活動と財務諸表 ... 45
- **4.2** 財務諸表 ... 47
  - **4.2.1** 貸借対照表 ... 47
  - **4.2.2** 損益計算書 ... 50
  - **4.2.3** キャッシュフロー計算書 ... 52

		4.2.4 フリーキャッシュフロー 55
	4.3	財務諸表分析 56
		4.3.1 収益性と生産性 57
		4.3.2 安全性 58
		4.3.3 発展性 59

第5章 コーポレートファイナンスの基礎 62
- 5.1 貨幣の時間的価値と投資 64
- 5.2 企業価値 69
  - 5.2.1 DCF法 69
  - 5.2.2 経済付加価値法 72
  - 5.2.3 非財務情報とリスクプレミアム 73
- 5.3 資本政策 74

第6章 ステークホルダーと保険 77
- 6.1 ステークホルダー 77
  - 6.1.1 株主 77
  - 6.1.2 経営者と社員 79
  - 6.1.3 債権者と顧客等 80
  - 6.1.4 保険のメリット・デメリット 81
- 6.2 保険の活用 83
  - 6.2.1 大災害等発生による経営財務への影響 84
  - 6.2.2 免責金額の設定 86
  - 6.2.3 リスクシナリオ 89
  - 6.2.4 偶発損失積立金の勧め 91
  - 6.2.5 非保険契約によるリスク移転 93

第7章 有価証券報告書の活用 96
- 7.1 なぜ、有価証券報告書なのか？ 96
- 7.2 記載事項と読み方 97
  - 7.2.1 有価証券報告書の構成 98
  - 7.2.2 有価証券報告書の入手方法 99
  - 7.2.3 有価証券報告書第一部の読み方 99

Part II ———————————————— 105

第8章　信用リスクと戦略リスク ……………………… 106
- 8.1　信用リスク ……………………………………… 106
- 8.2　戦略リスク（M&A）…………………………… 109

第9章　オペレーショナルリスク ……………………… 113
- 9.1　個人情報漏洩 …………………………………… 113
  - 9.1.1　個人情報保護法と個人情報漏洩の実態 …… 113
  - 9.1.2　通信教育B社 ……………………………… 116
  - 9.1.3　サイバー攻撃 ……………………………… 119
- 9.2　ハラスメント …………………………………… 120
  - 9.2.1　セクハラ …………………………………… 121
  - 9.2.2　パワハラ …………………………………… 123

第10章　イベントリスク ………………………………… 126
- 10.1　火災 …………………………………………… 126
- 10.2　大地震 ………………………………………… 128
  - ケース：ルネサンスエレクトロニクス ………… 132
- 10.3　異物混入 ……………………………………… 134
  - ケース：アクリフーズ …………………………… 134
- 10.4　製造物責任の集団訴訟 ……………………… 136
  - ケース：CS社 …………………………………… 136
- 10.5　テロ・誘拐・脅迫 …………………………… 138
- 10.6　グローバルプログラム ……………………… 143

第11章　役員のリスク …………………………………… 147
- 11.1.1　役員を取り巻く環境の変化 ………………… 147
- 11.1.2　役員責任の現実 ……………………………… 147
- 11.1.3　役員の責任が問われた事例 ………………… 150

第12章　キャプティブ再保険会社 ……………………… 151
- 12.1.1　概要と歴史 …………………………………… 151
- 12.1.2　仕組み ………………………………………… 153

12.1.3 設立目的 156
12.1.4 代表的なキャプティブの設立地 158
12.1.5 日系キャプティブの事例 159
12.1.6 キャプティブの設立と今後 160

Part Ⅲ（補論とキーワード）　163

リスクコスト 164
リスクマネジメントは義務か 169
CFOが重視する経営指標の解説 174
BCP（事業継続計画） 182
リスク分析（ケース：電気設備業界） 192
　営業・戦略編 192
　事故・災害編 198
　財務・市場、法務編 204
　財務諸表分析によるリスク回避 211
キーワードの解説 218
　加重平均資本コスト（WACC） 218
　フリーキャッシュフロー 220
　ROEとデュポンシステム 221
　財務レバレッジ 223
　引当金 225
　減価償却 226

＜参考文献＞ 228
脚注 232
事項索引 235

Part I

Part I

第1章 CFO

1.1 CFOとは

1.1.1 CFOの役割

　CFO（Chief Financial Officer）は最高財務責任者と和訳されます。その役割を一言で言い表すのは困難ですが、ファイナンス理論を前提とした欧米流の定義では、「企業価値向上のためにCEO（最高経営責任者）の経営戦略策定および執行を、主に財務面から支える最高責任者」[1]と言えるでしょう。〔図1〕CFOの役割を参照してください。

〔図1〕CFOの役割

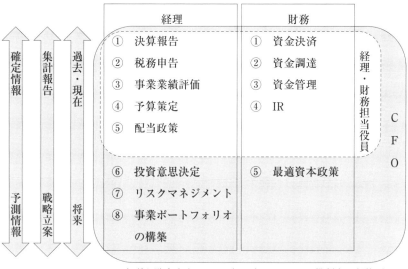

あずさ監査本人/KPMG(2008)p.3のCFOの役割を一部修正

あずさ監査法人/KPMG (2008) によれば、CFOの役割は〔図1〕マトリクスの4区分の機能があります。すなわち、過去・現在と将来という時間軸、経理と財務という業務区分軸です。会社によって様々だと思われますが、いわゆる経理・財務担当役員は、過去・現在の業務（経理では①〜⑤、財務では①〜④）を主に所管しているようです。しかしながら、CFOの役割は、時間軸としては将来も担当することによって確定情報による集計報告のみならず将来を予測することが求められ、経理分野では⑥投資意思決定、⑦リスクマネジメント（以下、RMと省略）、⑧事業ポートフォリオの構築、財務分野では⑤最適資本政策まで責任を負います。まさにスーパーマンとしての能力を要求されていると言えそうです。

それでは日本のCFOはどうでしょうか。〔図2〕はKPMGによる『日本企業の統合報告書に関する調査2017』（n=341）のCFOメッセージで説明されている事項を表しています。統合報告書は、財務情報のみならず中長期的な価値創造の視点から経営戦略にかかわる非財務情報を統合

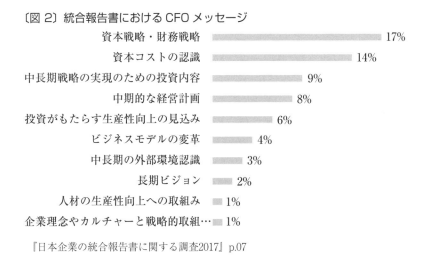

〔図2〕統合報告書におけるCFOメッセージ

- 資本戦略・財務戦略　17%
- 資本コストの認識　14%
- 中長期戦略の実現のための投資内容　9%
- 中期的な経営計画　8%
- 投資がもたらす生産性向上の見込み　6%
- ビジネスモデルの変革　4%
- 中長期の外部環境認識　3%
- 長期ビジョン　2%
- 人材の生産性向上への取組み　1%
- 企業理念やカルチャーと戦略的取組…　1%

『日本企業の統合報告書に関する調査2017』p.07

した情報開示資料のことで、KPMGによれば、機関投資家の90%近くが「統合報告書をすでに活用している」「今後活用予定である」と答えています。

　CEOに比べるとCFOのメッセージが掲載されている割合は低いのですが、その第1位は「資本戦略・財務戦略」17%（CEOと合わせると34%）、第2位は「資本コストの認識」14%[2]となっています。このデータだけでは確実なことは言えませんが、いずれもリスクをどこまで許容するかという視点では、貸借対照表の純資産に係る項目です。

　次に、筆者の経験ですので偏っている可能性があり、統計的な検証に耐えるものではありませんが、読者の参考になると思われますので、少しお話ししようと思います。筆者は、約30年間外資系の損害保険会社に勤務しました。振り返ると、後半のキャリアはある面異色です。営業政策の一環で、経営トップに同行してトップセールスをサポートしたり、時にはお客様のプロジェクトに企画段階から入り込んで実行段階までお手伝いをすることもありました。

　一部上場企業の会長・社長（CEO・COOクラス）、保険担当者として総務部長・CFOなどの名刺を持った方々にお目に掛かって、議論をする機会に恵まれました。直販社員や代理店に同行を依頼されて、総務部や財務部、経営企画室の方と実務的な話をすることも多々ありました。一方、研究活動の一環でグローバルに最先端の「統合報告書」を読み、時には現役のトップ証券アナリストと話す機会もありました。つまり、日系企業の実態に直面しつつも、コーポレートファイナンスおよびIRの最前線に触れる機会に恵まれたと思います。

　守秘義務がありますので社名は伏せますが、とある上場企業にプレゼンに行った時のことです。その会社では自動車保険から始まって管財物件を取り扱っているという理由で、総務部に保険担当者を一人置いているだけでした。保険に関わる業務は片手間にやっているのは明白で、自

社の抱えるリスクに関して十分に把握しているとは思えず、提案されている担保内容や付加サービスよりも、保険料だけで判断しているようなところが垣間見えました。そのような状況を反映してか、契約欲しさに採算性を無視した保険料を提示する保険会社もありました。一方、ある会社では、賠償責任関係の保険は訴訟が絡む可能性があるので法務部、労務関係は人事部、その他は総務部が担当するとのことで、それぞれの担当部署と責任者を紹介されました。大株主である他の保険会社は意識しつつも、提案内容をフェアに評価する姿勢が見えました。保険に関しては経営財務に直結することなので、CFOが責任を持っているとのことでした。当然のことながら、専門性のある方が出てこられるので、質問は高度かつ実務的なもので、筆者にとっても勉強になった記憶があります。これらは少し極端な例ですが、ほとんどの会社は、この間に位置していると思われます。誤解して頂きたくないのは、前者が遅れていて、後者が進んでいるということではありません。業種によって抱えるリスクは大きく異なり、会社によって業界における地位（売上・利益）、歴史、企業文化、経営層の考え方、財務状況がそれぞれ異なるのです。かつて、歴史学者のA.チャンドラーは「組織は戦略に従う」という有名な命題を提示しましたが、経営方針によって、担当する部署、担当者の知識・専門性が多様になるのはある意味当然のことだと考えます。

　リスクマネジメントの最先端と言われるERM（Enterprise Risk Management、統合リスクマネジメント）は、事業機会に伴うリスクをポートフォリオ理論の枠組みで、相関関係が負となるリスクを束ねて可能な限り相殺し、残余リスクは資本コスト（後述）より低い方法があれば、必要最低限の案件だけリスク移転するというアプローチをとります。つまり、経済学的には「取引コスト」（保険で言えば、付加保険料と呼ばれる代理店手数料・保険会社の事業費や利益）を合理的に削減する試

みだと理解しています。しかもリスク移転の方法は、伝統的な保険だけでなく、ARTと呼ばれる代替的手法や契約によるリスク回避まで多様です。したがって、保険を生業とする人には必ずしも歓迎されないかもしれません（もっとも、件数は少なくとも保険料の規模は大きくなるでしょうが）。ところが、ERMを本格的に実施するには、米国流に言えばリスクマネジャーあるいはCRO（Chief Risk Officer）という専門職を置いて、担当する部署を設置する必要があります。つまり、相応の固定費が発生するので、大企業、それも多角化したグローバル企業でなければペイしないのではないかと思われます。日本ではあまり出てこない言葉ですが、「リスクコスト」という概念があります。詳しくはPart Ⅲを参照頂きたいのですが、リスクを予防・回避するリスクコントロール、万一の事象が生じたときの資金的手当てをする保険等のリスクファイナンス、それらを企画・主導する部署等に係る人件費などリスクマネジメントに関するすべての費用の合計を売上高で割った数値のことです。

　このように見てくると、顧客（契約者）は多様であり、どの層をターゲットにするか、選択の余地があります。しかしながら、保険をはじめとするリスクファイナンスの目的は、財務諸表を毀損しない、損失が発生しても最小限に留めることです。学問分野で言えば、コーポレートファイナンスであり、中堅以上の企業であれば、CFOが財務の最高責任者です。あるいは実際に面談する財務担当者の視点でプレゼンテーションを行うことができれば、競合者と差をつけることができるかもしれません。つまり、コーポレートファイナンスの知識を相応に身に付けることによって、保険の単なる担保内容の話だけではなく、その財務的な効用を視野に入れて話すことによって、半歩・一歩前に出られるのではないでしょうか。プレゼンテーションの内容が財務担当者の波長にあったものになるということです。

　筆者は、保険会社に勤務していた時、財務関連の講座案内がある度に

可能な限り受講していました。正直なところ、数回での完結型講座では、財務諸表の基本的な解説に終始しているものがほとんどで、受講して本当によかったと思えるものには残念ながら巡りあえませんでした。なぜなのかと考えてみるに、財務諸表を解説している公認会計士の先生の中には、自らが出会った経験や失敗談など大変貴重な話をしてくださった方もいらっしゃったのですが、保険そのものを理解していないからか、どうも刺さるものがないのだと気が付いた次第です。本書では、以上のような問題意識から、ファイナンス理論をベースに、「CFOの視点でリスクファイナンスを考えること」を試みます。次節では、CFOがどのような経営指標を重視しているのかを確認することによって、リスクファイナンスとの関係を考察してみましょう。

1.1.2 ファイナンス理論とCFO

「完全資本市場の下では資本構成（負債と株式資本の比率）は企業価値に影響を与えない」という命題を聞いたことのある読者もおられると思います。これは「MM理論」と呼ばれるもので、1950年代後半から1960年年代初めにかけてF. モジリアーニとM. ミラーという2人の経済学者が共同で書いた論文です。ファイナンス理論に革命的な影響を及ぼしたと言われています[3]。しかしながら、この命題のままだと、リスクマネジメントは不要となってしまうのです。よって、企業がリスク管理を必要とする理由を見つけるためには、MM理論をひっくり返すことを考えざるを得なくなります。命題が置いている非現実的な強い前提条件から外れることにより、リスク管理が企業価値を高めるような状況を特定化することができ、理論的な根拠が導かれます。それは、リスク管理は、①税金を節減できる、②企業は資本市場を個人投資家より利用しやすい、③倒産にかかる費用が存在する、④外部資金調達が企業に与える悪影響を軽減できる、という4点が挙げられています[4]。この内、

特に③と④は、リスクを管理することによって、企業が倒産する可能性が低くなれば、訴訟に係る費用が軽減され、従業員は安心して働くことができ、取引先・顧客も長期的な取引関係ができるようになります。また、外部からの資金調達(銀行からの融資、新規株式発行の引受)もし易くなるでしょう。したがって、適切なリスクマネジメントは、企業のキャッシュフローを安定させることによって企業価値の向上に貢献することになるのです。

　何を言っているのかよく分からないという方もおられるかもしれませんが、理屈はさておき、ここでは「リスクマネジメントは企業の安定に役立つので、企業の業績に貢献する」と理解してください。先に見たように、CFOは財務経理、経営戦略の策定・実行まで広い範囲をカバーしていますが、その基本的な考え方はファイナンス理論に基づいており、リスクマネジメント活動(保険加入を含む)も投資活動の一環です。機会費用を考慮した資本コストとの比較において意思決定されます。それでは、CFOが実務上、重視する経営指標を見てみましょう。

1.2　CFOが重視する経営指標

　CFOが重視する経営指標(KPI)にはどのようなものがあるのでしょうか。〔表1〕は、CFOが「ダッシュボード」[5]に掲載する上位20位までのKPIです[6]。KPIですので、数値的に測定できるものに限られますが、CFOが何を重視しているかの参考になります。

　リスクマネジメントの活動は基本的に全てに関わりますが、リスクファイナンス関連は上位10位までのKPIの内、8件が該当しています。すなわち、第1位:運転資本、第2位:営業キャッシュフロー、第3位:流動比率、第5位:ROE、第6位:当座比率、第7位:負債比率、第8位:支払勘定回転率、第9位:売上債権回転率です。トップ10のKPI

〔表1〕CFOが重視するKPI

順位	和訳	KPI（英語表記）	KPIの役割
1	運転資本	Working Capital	安・成
2	営業キャッシュフロー	Operating Cash Flow	収・成
3	流動比率	Current Ratio	流
4	従業員名簿人数比率	Payroll Headcount Ratio	効
5	自己資本利益率（ROE）	Return on Equity (ROE)	収
6	当座比率	Quick Ratio / Acid Test	流
7	負債比率	Debt to Equity Ratio	安
8	支払勘定回転率	Accounts Payable Turnover	効
9	売上債権回転率	Accounts Receivable Turnover	効
10	在庫回転率	Inventory Turnover	効
11〜20	11: Net Profit Margin, 12: Gross Profit Margin, 13: Finance Error, 14: Payment Error Rate, 15: Budget Variance, 16: Line Items in Budget, 17: Budget Creation Cycle Time, 18: Expense Management, 19: Internal Audit Cycle Time, 20: Customer Satisfaction		

CompuDataのホームページに、筆者がRM関連を加筆
略称はKPIの役割＝流：流動性、安：安全性、収：収益性、効：効率性、成：成長性

はいずれも経営的に重要な指標ですが、資金の流動性・安全性にCFOの注意が注がれていることが推測されます。〔図1〕のCFOの役割で確認した①資金決済、②資金調達、③資金管理にほかなりません。各項目をここで説明すると冗長になります。興味のある方は、Part Ⅲで解説しましたので、ご覧ください。

1.3　ターゲット企業と機関代理店

ここまで欧米のCFOを前提として話を進めてきましたが、日系企業でファイナンス（企業財務）を意識しながら保険加入（購買）の意思決定をする企業規模（売上高）は、どれくらいでしょうか。それこそ上は売上高で何十兆円もある巨大グローバル企業から、下限はどうでしょう

か。そのようなデータやアンケート結果は見たことがありませんが、概ね上場企業およびその予備軍と考えてよいと思います。業種にもよりますが、ひとまず切りの良い数字として売上高100億円と置きましょう。筆者の経験則では、100億円を超える企業規模になると組織がある程度分化し、専門分野の担当者が置かれるようになります。中堅企業・グループの攻略を試みた経験のある方なら、「機関代理店」がある規模ではないかと気が付く規模です。

確かに機関代理店は、その企業およびグループ企業の保険を優先的に取り扱うことから圧倒的に有利な立場にいます。その所属人数は、総務部内に他業務と兼務している担当者が1人しかいないところから、子会社化しているところ、外販している場合は数百人規模の会社まであります。当然、知識・経験レベルは様々です。この本の読者層（保険代理店、代理店担当者）を前提に考えると、ターゲット企業の売上高は、概ね100億円から数千億円と置いてみましょう。もちろん、売上高数十億円程度の企業、時には1兆円を超える例外もあってよいと思います。

ここで少し昔の体験談をお話ししたいと思います。本社の保険関連責任者から子会社の社長を紹介されて会いに行った時のことです。子会社の社長は本社からの天下りの年長者で、保険のことはほとんど知らないとのことで、ナンバー2の方と面談しました。保険会社出身のプロとの触れ込みでしたが、よくよくバックグランドを聞いてみると元特研生で、数字が上がらずドロップアウトされた方だと分かりました。火災保険の引き受け条件（多構内包括）の話をしても、D&O、個人情報漏洩、労災事故の話をしても…何の話をしても、すべて従業員の任意の自動車保険の話に戻ってしまうのです。驚いたことに、彼は自動車保険以外、ほとんど知らなかったのです。その会社は建物をたくさん所有している地方の有名企業でしたが、建物を新築するたびに火災保険を個別に掛けて満期はバラバラのようでした。M&Aで買収した会社の管財物件も同

様でした。「忙しくて、外売りどころかグループ内だけで手一杯だ。最近の若い従業員は通信型自動車保険に入っているようで困りもんだ」とこぼしていました。そのようなオペレーションをしているのであれば忙しいのは想像に難くないのですが、効率的な業務と言えるでしょうか。また、社員とは言え、（会社の雰囲気によるでしょうが）通販型自動車保険の方が安いのであれば、そちらを選ぶ人がいても不思議ではありません。また、価格だけでなく事故を起こした時に、事故処理に会社を巻き込みたくないと思う人もいるかもしれません。

　また、ある子会社の機関代理店では、火災保険でかなり高めの料率のまま、長年にわたって契約更改していました。「いくら何でも、少し高すぎませんか？」と尋ねたところ、「分かっているけど、余計なことは本社の社長には言わないで欲しい。こちらも利益を出さなければならないんだ」と言い放って、不機嫌になりました。その背景には、代理店手数料率の大幅な引き下げがあるようでした。

　これらは少し極端な例かもしれませんが、実話です。一つ目のエピソードは、どう考えてもプロの仕事とは言い難いと言わざるを得ません。逆に言えば、その程度でも通ってしまう程、経営層の保険に対する認識が低いということです。二つ目は、明らかに「利益相反」を起こしています。外部からアプローチがないことをよいことに、高値で本社に売りつけてきたのです。リスクマネジメント（保険）について関心の低い経営層と機関代理店の関係の縮図のような気がします。実は、二つ目のエピソードでは、経営によって反応が分かれたことがあります。ある会社では、「そうは言っても雇用問題もあるし、急には変えられない」というものです。言葉の端々から色々な事情が背後にありそうだと察しました。ところが、別の会社では全く反応が違いました。「それはとんでもないことだ。保険料が〇十万円違うとすれば、（経常利益率を考慮すると）本体の売上げの〇千万円に相当する。競争原理を持ち込まなけれ

ば、生ぬるい経営になってしまう。本件は、子会社の機関代理店を外す」との決断を直ちにされた社長がおられました。

　筆者は、その反応の良し悪しを論評するつもりは毛頭ありません。なぜなら、その会社の歴史、競争状況、雇用慣行、そして経営方針（社長の考え方）…があるからです。しかしながら、会社は誰のものかと考えた時に、100％のオーナー企業であれば別ですが、特に上場企業においては、許されざるべきことです。とは言うものの、このような環境であれば少し頑張ればチャンスがあるとも言えそうです。また、規模がはるかに小さい中小企業なら、ファイナンス的なアプローチをする競合者はほとんどいないと思われますので、競合者に対して差別化でき優位に立てるのではないでしょうか。つまり、しっかりしたCFOがいる企業であれば、ファイナンスの正攻法でアプローチし、そうでない場合でも、保険屋の発想でしかものを観ない人と比べて信頼を獲得できれば、「財務がある程度分かっているようだね。保険のことはよく分からないので、君に任せるよ」と言って頂けるようになるのではないでしょうか。ここが本書の目指すエンドポイントです。

　次章は資金の流動性に影響を与えるリスクファイナンスについて、理論と実務の両方から検討しましょう。最初は、「リスクとは何か」です。

第2章　リスクとRM

2.1　リ ス ク

2.1.1　リスクとは何か

　「はじめにはっきりさせておきたいのですが、リスクとは良いものです。リスクマネジメントのポイントは、それを取り除くことではありません。そんなことをすれば報酬まで無くなってしまいます。重要なことは、それを管理することです。すなわち、賭けをする所、損失を防ぐべき所、賭けそのものを避けるべき所を選ぶことです。ほとんどのリスクマネジメントの手法（保険、ヘッジ、投資対象の分散、ほか）は損失の軽減をするものですが、究極的な目的は、貴方が取っているリスクから生じる利益を最大化することです。」

トーマス A. スチュワート

　「リスクとは良いものです……」という書き出しに、面食らった方もおられるかもしれません。最近、新聞を読んでいると、しばしば「企業価値」という単語を目にします。文脈的には、「このM&Aは当社の企業価値の向上に資すると判断している」とか、「企業価値創造を目指した戦略的提携」といったものです。企業価値とは何かについて議論を始めると難しいので、ここでは立ち入りませんが、上記のスチュワート氏のスピーチは、企業価値の最大化を意識したもので、幾つかのポイントを含んでいます。はじめに、「リスクとは良いものです。」と発言しています。逆説的な見方ですが、一般的に、リスクは発言のあった米国でも

好ましいものではないという証左と思われます。それではリスクとは何でしょうか？日本語でリスクと言うと、危険、危ないこと、避けたい事象という意味で日常使われています。「リスクがある」とか「リスクを冒す」といった使い方です。どうも忌み嫌うべきものと受け取られているようです。少なくとも歓迎すべきものではありません。これは米国など英語圏でも基本的には同じです。

しかしながら、リスク（risk）という言葉を使う時、英語では、Take a risk. と表現します。中学の時に習った熟語です。Take は取るであり、その主語は I や We です。すなわち、望むもの（会社ならば利益）を獲得するために、自分の意思で危険かもしれないことに挑むというニュアンスがあるように思えます。どうも欧米人の感覚と日本人のそれとは少し異なるようです[7]。

次に、「リスクマネジメントのポイントは、それを取り除くことではありません。そんなことをすれば報酬まで無くなってしまいます。」と述べています。リスクマネジメントはリスクを無くすことだと思っている方が多いということでしょう。実は、そうではないのです。リスクの無いビジネスなどありません。例えば、ソーラーパネルを住宅の屋根に設置する場合、作業者の転落リスクが考えられます。あるいは施工がまずければ、雨漏りを引き起こすリスクもあります。その業務を請け負わなければ転落リスクも賠償リスクも完全に回避できますが、それでは商売になりません。報酬も無くなるというわけです。

第3に、「重要なことは、それを管理することです。すなわち、賭けをする所、損失を防ぐべき所、賭けそのものを避けるべき所を選ぶことです。」と述べています。そもそも何事も管理するためには全体像が見えて、できれば数値的に把握できることが好ましいと言えます。実際、定量的に計測できないものは管理が難しいと言われています。賭けをする所とは、事故等が発生する可能性もありますが、会社の成長、利益な

どのために意図してリスクを取る仕事やプロジェクトと考えられます。損失を防ぐべき所とは、ビジネスではある程度の損失が発生することが分かっていて、避けられない損失を如何に防ぐかが課題となっているのでしょう。例えば、タクシー会社を経営しているとすると、どんなにドライバーに交通安全指導を定期的に行い、過重労働にならないように勤務シフトを調整しても、飛び出し事故やもらい事故に巻き込まれることはあり得ます。それでも事故の発生確率を下げる努力、発生した場合の損害額（経営にとっての財務的影響度）を押さえる努力は経営上重要です。このような努力・試みをリスクマネジメントではリスクコントロールと呼びます。賭けそのものを避けるべき所とは、得られる利益に比べて経営リスクが著しく大きいと判断されるビジネスやプロジェクトです。恐らく取り組まない方が良いビジネスです。

　これらの取り組むべき（あるいは回避すべき）ビジネス領域の選択は、まさに経営戦略の問題です。どの分野でどのように競合社と戦うのか、いわば経営のロードマップです。これがリスクを取るということです。

　最後に、「リスクマネジメントの…究極的な目的は、貴方が取っているリスクから生じる利益を最大化することです。」と述べています。アメリカ人らしいポジティブンなスピーチですね。貴方が取っているリスクとは、前述したとおり主体的に意思決定した事業分野を意味しています。経営学的には、事業ドメインとかターゲットセグメントと言います。企業の利益を最大化することについては、株式会社である以上、基本的には議論の余地はないと思います。

　以上をまとめると、スチュワート氏は、企業経営において事業を行う領域を選んで、リスクを認識して、そのリスクを想定内にコントロールするということが、企業価値の最大化に繋がると主張しているのです。ところで、ここまでリスクという言葉を定義しないまま使ってきまし

た。実は、リスクの定義は識者によって多様で、時代とともに変化してきました。リスクに関する研究で最も有名な古典は、F.ナイト（1921）の『Risk Uncertainty and Profit』で、「確率的に予測できるものがリスク、確率的事象でないものを不確実性」と区別しました。会社法では、「目的の達成を妨げる事象が発生する可能性」、国際標準規格ISO31000では、「諸目的に対する不確かさの影響」と定義しています。また、ファイナンス理論・保険論の世界では、「期待値と期待値周りの変動」[8]などがあります。期待値の説明は不要かと思いますが、変動とはブレ（幅）のことです。この値が大きい程、正方向であれ負方向であれ、不安定（不確実）ということになります。〔図3〕をご覧ください。通常、利益を計上している会社の利益とリスクのイメージ図です。縦軸は利益と損失、横軸の左側は損失（負）しかない純粋リスク、右側は成功した場合の利益（正、網掛け）と上手くいかない場合の損失（負、白抜き）の両方があります。例えば企画している新商品がヒットしたら、売上が上振れるので上側に、競合他社による値下げで競争環境が悪化した場合は、0から下へ突入する可能性もあります。つまり、業績は上下に変動する可能性があるのです。このようなリスクをビジネスリスクと

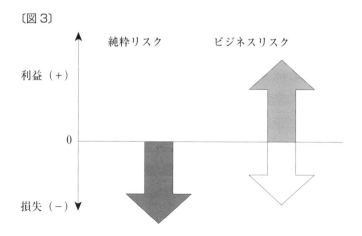

〔図3〕

呼びます。一方、純粋リスクは、0から下しかありません。何も起こらなければ、損害は0です。しかしながら、例えば小売りのビジネスであれば、どんなに警戒しても万引きを全く無くすことは現実的ではないでしょう。経験的に一定の損害は覚悟しなければなりません。火災や個人情報漏洩など事故等の発生によって損害が生じるケースも考慮しなければなりません。想定内の期待損失と大地震のように発生確率が極めて低いものの、ひとたび起きると甚大な被害をもたらすテールリスク（ストレス損失）があります。このように損害のみが生じるリスクを純粋リスクと呼びます。本書では主として、純粋リスクを分析対象とし、リスクを「組織体の目標と目的に重大な影響を及ぼす事象と結果の不確実性」と定義します。

2.1.2 リスクファイナンスの目的と定義

　R.バーゼルセンは、リスクファイナンスを「損失を支払うための基金を創設する、またはキャッシュフローにおいて発生するかもしれない変動性を相殺するために、意識的な行動または行動を起こさない意思決定のこと」[9]と定義しています。万一のための資金準備について異論はないと思いますが、「意識的な行動を起こさないという意思決定」の件は分かり難いと思います。これは損害発生の可能性（エクスポージャー）を認識して、発生頻度と強度を分析した上で、あえて何も行動を起こさないということです。コストを意識した意思決定と思われます。〔図4〕を参照ください。損失額が低く発生頻度の高いところは期待損失と呼ばれ、損害の発生が過去のデータから織り込まれています。したがって、対策としてはリスク保有が一般的には良いところです。損失額の中間は非期待損失と呼ばれ、資本で対応した方がよい場合と保険等でリスクをヘッジした方がよい場合があります。一方、ストレス損失は滅多に発生しないのですが、発生した時の損害が極めて大きいのでで

〔図4〕

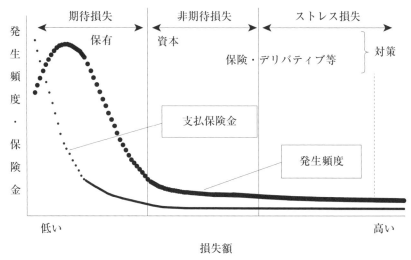

きるだけ保険やデリバティブ等でヘッジする方が賢明です。上場企業であれ非上場企業であれ、リスクファイナンスの目的は、非期待損失やストレス損失が発生した場合でも、財務諸表の健全性が保たれ、企業価値を維持・向上させることにあります。

具体的には、R.バーゼルセンは以下の5点を挙げています。

- 損失の支払い
- 適切な水準の流動性の維持
- 損害発生の不確実性の管理
- リスクコストの管理
- 法的要求事項の順守 [10]

損失には、自社工場における生産設備や在庫の損失、それに伴う得べかりし利益、第三者に対する損害賠償では、訴訟費用や賠償金も対象になります。特に損害賠償金を支払わない場合には、後々会社の評判やブランドに影響を与える可能性も考えられます。大震災などが起きると、

〔図5〕リスクマネジメントの各種手法

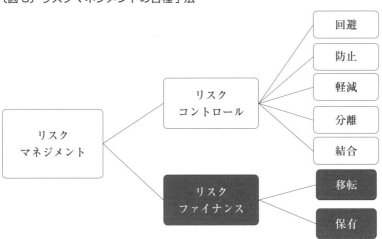

Berthelsen et al.（2006）p.1.4を一部修正

臨時的な支出が多数発生する一方、売掛金の回収に問題が生じるなど流動性が急激に低下することもあり得ます。特に、リスクを保有している（移転してない）場合は、注意が必要です。リスクコストとは、リスクマネジメント部署などに掛かる管理費用・リスクコントロール関連の費用・保有する想定される損失・保険などリスクを移転する費用合計を意味し、相互にトレードオフの関係にあるものもあります。これらの費用の合計額を最小化する、つまり企業価値の維持・向上に関わる費用を最小化するということです。

2.1.3 リスクコスト

リスクコストは、英語では Cost of Risk と表記され、リスクマネジメントにいくら支出されているか、その効果を測定するための指標で、以下の4点から構成されています。
① 保険費用

② 非償還損失（自家保険、自家保有）
③ リスクコントロールと損害防止費用
④ 管理コスト

　①保険費用は、支払う保険料と他に支出した方がより利益が上がるなど、機会費用との比較で検討されます。②非償還損失とは、契約した保険金額の上限を超えた損失、免責条項などに該当したことによる保険金の不払い、カバーする保険がないリスク、保険の付帯漏れ、保険会社の破綻による不払い、③リスクコントールと損害防止費用は、損失を防止する投資の費用および減価償却費、費やす時間や外部コンサルタントの費用、リスクマネジメントに関する教育費、リスクマネジメントに関する会議費用、④管理コストは、保険金請求、自家保険の取扱い及び損害の調査報告に関する費用、社内のリスクマネジメント担当部署のコスト、保険ブローカーへの支払いなどが含まれます。リスクコントロールへの投資は、例えば設備投資は減価償却があるように長期にわたる効果があり、従業員への教育訓練は繰り返して行うことで習熟度があがることが期待されます。リスクコントロールとリスクファイナンスへの支出は、その費用対効果においてトレードオフの関係になることがあります。そのバランスが大切であり、長期的な視点から株主価値を最大化するために行うリスクマネジメント諸活動のリスクコストを最小化することが求められます。

　米国の大企業の売上高に対するリスクコストの平均は約１％です。中小企業では、その数倍になると言われています。米国企業の場合、労災保険は民間保険会社に加入するので単純比較はできませんが、政府労災に加入する日本企業より高いと推定されます。より大切なことは、企業財務のダウンサイドリスクを防止する投資であるリスクマネジメントに関わるリスクコストを、長期的な視点でモニタリングすることによって費用対効果を検証して改善する経営管理のPDCAサイクルを回すこと

です。そのためにはデータが必要であり、それを可能にする仕組みを構築しなければなりません（詳しくは、PartⅢをご覧ください）。

2.1.4　リスクファイナンスの種類

　リスクファイナンスは発生する損失を埋め合わせるための資金を入手するための手法です。想定されるインシデントに対してリスクを移転する場合とリスクを保有する場合があります。〔図6〕は、2.1.2〔図5〕のリスクファイナンスの詳細です。

　リスクファイナンスは、保有と移転という2つの手法があります。ここで強調しておきたいことは、保険はリスクファイナンスの主力的な手法ですが、保険購入の意思決定者にとっては多くの選択肢の一つであり、投資活動の一環です。各種の手法の選択は、基本的にはトレードオフの関係にあるということです。それでは解説に入りましょう。

　保有とは、損失が発生した場合、全部または一部を自社の内部資金で賄うことです。想定されるインシデントが発生しても、財務諸表が毀損しないように流動性が高い資産を保有しているという前提が必要です。

〔図6〕リスクファイナンスの体系

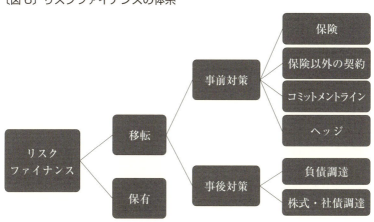

これはリスクを移転するよりは、保有する方が、そのコストが安い（企業価値の向上）という判断があるからです。リスクを移転する手段がない場合は、仕方なく消極的な意味でリスクを保有することになります。

　一方、リスク移転は、インシデント発生の前に準備する事前対策と発生後に行う事後対策に分かれます。ここで注意しなければならないことは、発生頻度と財務的な影響を考慮して事前に意思決定しているということであって、リスクに気が付かずに何もしないで、結果的に事後対策になるということではありません。事前対策は、保険・保有・コミットメントライン・ヘッジがあります。保険は、貸借対照表には表示されないオフバランスの金融資産と位置付けられます（詳しくは第3章参照）。すなわち、事前に固定の保険料を支払うことによって保険会社は当該リスクを引き受け、保険事故が発生した場合には、約定に従って保険金を支払います。それによって、企業（保険契約者）は損失を軽減することができます。ただし、全部保険でない場合、免責金額が設定されている場合、免責条項に抵触する場合は、当該部分については保険金が支払われないことから、リスクを保有することになるので注意が必要です。コミットメントラインは事前に手数料を支払って、資金が必要になった時に、銀行から融資を受ける契約です。また、保険以外の契約を締結することで、免責および補償の合意をとりつけることも行われています。ヘッジは、金利・商品価格・外為レートなど市況によって変動するもので、先物契約・オプション・スワップなどである程度対策ができます。ただし、前述したようにこれらはビジネスリスクですので、本稿ではこれ以上立ち入りません。

　他方、事後対策はインシデント発生後に、銀行から借り入れる負債調達、株式の第三者割当や社債の発行などの手段が考えられます。後述しますが、インシデントが発生した後は、財務的な悪化が予測される場合、銀行や証券会社が提示する条件が良くない、または引き受けが拒否

される可能性もあります。そのようなケースに備えて、固定費用でリスクを移転できる保険が活用されてきたのです。

2.2 リスクマネジメントの基礎

2.2.1 経営方針から最終責任まで

　会社の経営者はリスクマネジメントに取り組む義務を負っています（詳しくは、PartⅢ参照）。リスクマネジメントを日々の業務の中に組み込むには、経営陣の理解・リーダーシップが欠かせません。実はその前に、リスクに対してどのように取り組むかという経営としての方針決定が前提となります。その上で、責任者の任命、実務を含めた組織体制の構築、取り組みに関する承認、そして決められたことが正しく実行されているかを確認する監査が経営行動として必要になってきます。実際、例えば総務部にリスクマネジメント担当者を選任したとしても、経営方

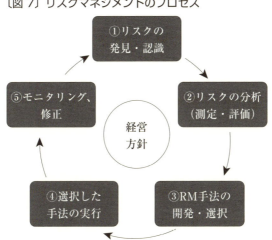

〔図7〕リスクマネジメントのプロセス

針がしっかりしていなければ、担当者は何をどこまでやっていいのか分からないでしょうし、途中で梯子が外されるようであれば、誰もついてこなくなるでしょう。いずれにせよ、リスクマネジメントの最終責任は経営にあります。

《リスクマネジメントのプロセス》

　リスクマネジメント（RM）は、大まかに言って、以下の5つのプロセスで行われます。①リスクの発見・認識、②リスクの分析（測定・評価）、③リスクマネジメントと手法の開発・選択、④選択した手法の実行、⑤モニタリング、修正です。〔図7〕を参照してください。

①　リスクの発見・認識

　取り組む事業に、どのようなリスクがあるのか認識できなければ対応のしようがありません。リスクの洗い出しから始めます。実務的には、リスクチェックリストの利用、役員または各部署への面談あるいはアンケート調査、ブレーンストーミングなど色々な方法があります。②リス

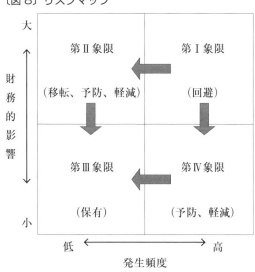

〔図8〕リスクマップ

ク分析までをインターネットを使ったアプリを提供しているコンサルティング会社もあります。本稿では、電設業界の上場企業が開示している有価証券報告書を使って分析します。

② リスクの分析（測定・評価）

よく使われる方法は、リスクマップです。これによって直感的に把握できるように、「リスクを見える化」します。〔図8〕をご覧ください。

リスクマップの横軸は事件・事故の発生頻度を表しています。左は低く、右に行けば行く程、発生頻度は高くなります。縦軸は、財務的影響度（強度）です。上に行く程1件当たりの損害額が大きくなります。象限毎に特徴を示すと、

　　第Ⅰ象限：発生頻度が高く、損害額も大きい
　　第Ⅱ象限：発生頻度が低く、損害額は大きい

〔図9〕リスクマップのプロット事例

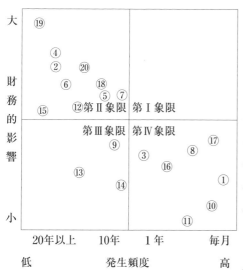

① 価格競争・競合
② 特定取引先依存
③ 人材確保・育成
④ M＆A
⑤ 住宅着工数
⑥ 海外事業
⑦ 債権管理
⑧ 素材価格の変動
⑨ 保有資産の評価
⑩ 外国為替の変動
⑩ 天候リスク
⑫ 法令違反
⑬ 規制・制度変更
⑭ 品質保証
⑮ 知的財産
⑯ 情報管理
⑰ 関連当事者取引
⑱ 工事事故
⑲ 自然災害
⑳ 偶発事故（賠償責任）

注：電設業界を対象としたイメージ図

第Ⅲ象限：発生頻度が低く、損害額も小さい

第Ⅳ象限：発生頻度が高く、損害額は小さい

となります。上記は2×2方式（4枡）のマトリックスですが、3×3方式（9枡）を使う場合もあります。考え方は同じです。

　それでは、縦軸・横軸スケールや境界値をどうするかという疑問が湧いてくると思います。これは業界・経営方針・重要視する経営指標・過去の事故歴・流動性や利益剰余金額など財務的な体力等によって各社の経営で決めることです。例えば、500万円の損失が発生した時、資金繰りに窮している企業と現金を10億円保有している老舗企業では財務的な影響度は全く異なるでしょう。縦軸については、表計算ソフトEXCELを使って自然対数を取れば簡単に計算できます。リスクをヘッジする金額目安を参考までに例示すれば、総資産の○％、運転資金の○か月分、税引前利益の○％など基準を決めます。

　横軸では、事件・事故の発生可能性を1カ月に1回、1年に1回、20年以上に1回などと決めます。なお、特にアンケート調査を実施する場合、評価基準が回答者によってバラつきが出る可能性があります。万一、バラつきが出るとできあがったリスクマップの整合性が取れなくなってしまいます。事前にガイダンスを行うことによって基準が統一されるように留意してください。

　そして、①で洗い出したリスク項目を財務的な影響と発生頻度の2軸でプロットすることによって、経営目標を達成するためのリスク対応の優先順位が見えてくると思います。〔図9〕は、前述した有価証券報告書記載のリスクイメージを持って頂くため、筆者の経験をもとにプロットしたものです。したがって、個社で異なりますのであくまでも参考です。それでは、各象限についてその特徴と対応方針について概説しましょう。

　第Ⅰ象限は、発生頻度が高く、かつ損害額も大きいものですから、現

実的には該当するものはないかもしれません。もし、該当する事業があるとすれば、事業そのものを見直すことも視野に入れるべきです。なぜなら、取っているリスクとリターンが見合わないからです。対策指針（括弧内に表記）は「リスク回避」です。

　第Ⅱ象限は、発生頻度は低いですが、損害額は大きく経営に与える影響も大です。大地震や火災などが入ってきます。自動車の人身事故も対象となるかもしれません。対策指針は「リスク移転（転嫁）」です。財務上、損害保険の活用が一般的です。勿論、損害額そのものを下げる努力も有効です。矢印はその方向性を示しています。注力すべき象限です。

　第Ⅲ象限は、発生頻度が低く、かつ損害額も小さいところです。損害をより小さくする、発生頻度を減らす努力はすべきです。しかしながら、へたに対策を打つと逆にコストの方が高くなる場合もあります。分かった上で意図的に何もしない「リスク保有」という選択肢もあり得ます。

　第Ⅳ象限は、発生頻度が高く、損害額は小さいわけですから、小さな事故が多発するパターンです。これは、事故の発生頻度を押さえる「リスク防止」が有効です。左向きの矢印はその方向性を示しています。卑近な例では、スーパーマーケットにおける万引き防止のための監視カメラの設置、万引きＧメン（含む女性）の雇用、学校・会社への通報方針の掲示などの対策をイメージ頂ければご理解頂けると思います。

　③　リスクマネジメント手法（開発・選択）

　リスクマネジメントは、リスクの発生を防止し、万一発生した場合に損害を減少させるリスクコントロール（抑制）と発生した損害の資金手当てをするリスクファイナンス（財務）に大別されます（2.1.2〔図5〕参照）。

　リスクコントロールは更に、リスク回避、リスク防止（予防）、リス

ク軽減、リスク分離、リスク結合に分かれ、リスクファイナンスは、事前対策としての保険・コミットメントライン・ヘッジ・その他、事後対策としての負債調達・株式発行に分かれます。経営方針とリスク特性に応じて対応する手法を検討します。

　リスクコントロールにおける予防とは、事故件数を減らすために、例えば事務所・倉庫など建物を耐震・制震・免震構造にする、あるいはそのような建物を借りる、使用する機材に安全装置を付ける、作業員及び管理職への安全教育の実施、定期的な監査などがあります。一方、軽減策とは、事故・事件が発生してしまった場合に、損害を減少させるために、例えばスプリンクラーの設置、資材倉庫の地理的分散、従業員を対象とする救命講習の実施、売掛金のある取引先の日頃からの観察、資材仕入れ先の多様化、メンタルヘルスのカウンセリング体制整備などが考えられます。

　リスクコントロールに関する設備投資や教育投資をする場合、何を基準に意思決定すればよいでしょうか。過去の経験や各種統計から被害の程度・財務的な影響度（強度）と発生頻度が分かっている場合は、想定される事故・事件の現在価値を計算し、リスクコントロールに掛かる投資コストと比較します。投資コストの方が大きいようであれば、その手法は見送られます。なぜなら投資してもペイしないからです。複数の選択肢がある場合は、より投資効率の高い案件を選択します。すなわち、プロジェクトにおける投資判断と同じで、費用対効果の視点が欠かせません。

　リスクファイナンスの主な手法としての保険の特徴は、固定した費用（保険料）の支払いでリスクを保険会社に移転（転嫁）できる点です。しかも、その保険料は損金算入できるという税制上のメリットがあります。その他としては、外国為替の変動や商品価格の変動（資材価格への転嫁）については、先物契約やオプション契約などの対策がとれます

が、期間的には限られます。資本の充実も選択肢の一つです。

④　選択した手法の実行

リスクコントロールまたはリスクファイナンスの実行に必要な経費予算を手当てして、選択したリスクマネジメント手法を実際に導入、運用します。実行段階では、責任者の任命と組織体制を作り、周りの理解を得て実行できる体制を整える必要があります。

⑤　モニタリング、修正

実行した結果を定期的に費用対効果の視点で評価を行い、問題点が見つかれば修正します。また、新たな方法が選択肢に入ることもあります。即ち、経営管理の「PDCA サイクル」を回すのです。

以上が伝統的なリスクマネジメントのアプローチです。ご理解頂けましたでしょうか。実は 2000 年代に入って、会社全体を見回してより統合的なアプローチをした方が良いのではないかという考え方（ERM）が欧米の大企業を中心に広がってきています。

2.2.2　ERM

ERM（Enterprise Risk Management）は、「全社的リスクマネジメント」または「統合リスクマネジメント」と和訳されます。もともとは、米国トレッドウェイ委員会支援組織委員会（COSO）が 2004 年に公表したフレームワーク（2017 年改訂）で、内部統制よりも広範な領域をカバーすることによって経営リスクに焦点を当てています。ERM の一般的な定義はありませんが、事業目的を達成し、予想しえない収益変動を最小化し、企業価値を最大化するために、主要リスクを管理するための包括的かつ統合的枠組み[11)]としましょう。CFO の視点からすると、どのような事態が発生しても損益計算書の税引き前利益の減少幅を最小限に留めることによって貸借対照表の毀損を防ぎ、中長期的に安定的に正のキャッシュフローを生み出すことのできる体制を構築するということ

だと理解されます。

　ERMの権威であるJ.ラムは、ERMについて以下のように述べています。リスクは、本質的に動的で、不安定で、かつ相互依存性が強いという性質がある。…ERMの機能は、全社的な方針や基準を策定することに責任を負い、事業部門にまたがるリスク管理活動を調整して、上級管理職や取締役会のために全体的なリスク・モニタリングの手段を提供することである。…ERMによるアプローチは、ポートフォリオ的な見地から、企業内のすべての種類のリスクについてデリバティブや保険、その他の代替的リスク移転商品を利用して、管理職が望ましくないと考える残余リスクだけをヘッジすべく合理化を行う。…その結果、収益変動は最小化し、企業価値は最大化することを目指す活動である。…ポートフォリオ管理の目的は、望ましくないリスクを外部に移転するコストを削減させ、また組織にとって望ましいが集中しているリスクを引き受ける能力を高めるような、リスク移転戦略によって支えられる。…リスクを束にすることで、リスク管理者は概ね2割から3割のリスク移転コスト削減を達成してきた[12)]と主張しています。

　一方、ERMの本場である米国でもERMに対する批判は少なからずあります。実際、ERMが取り扱う対象範囲は広く、定量的に捉えられるものばかりではなく定性的なものもあり、部門をまたがって全社的に統合するところに実務的な難しさがあるようです。しかも、その背景にあるコーポレートガバナンス（エージェンシー関係）が問題を複雑にしていると思われます。

　ERMにおけるポートフォリオ理論によるアプローチは、従来からとられてきたリスクを保有する部門毎のアプローチを「サイロ型アプローチ」とみなしています。換言すれば、部門ごとのリスク最適化は多様なリスク種類の分散を組み込んでいないとの立場であり、過剰なヘッジや保険購買に繋がり易いとみているのです。ERMの理想としてはポート

フォリオを組んでも相殺できない「残余リスク」のみ最適な手法でヘッジすることにより、リスクコストを最小化（＝企業価値を最大化）できると考えます。私見では、ポートフォリオ理論を前提とするならば、ERM的なアプローチは正しい方向性だと考えています。しかしながら、理想と現実の間にはギャップがあるようです。事業には必ずリスクと収益機会があり、それはコインの裏表の関係です。全社のリスク管理に横串を通す役割を果たすリスクマネジャー、CRO（Chief Risk Officer、最高リスク管理責任者）が存在する米国企業でも難しいようです。日本版SOX法制定の時に少し盛り上がったERMも、現在では下火になっていると感じるのは私だけでしょうか。だからこそ、そこにビジネスチャンスがあると思うのです。筆者は、浅学にしてERMの統合的な議論を展開する力はありませんが、実務経験を基に、イベント性のダウンサイドリスクを対象とした損害保険によるリスクヘッジ手段に、ファイナンス理論をちょっぴり加味したアプローチを、CFOの視点で展開する試みを志向しています。次章では、資本とリスクの統合について述べます。

Part I

第3章 資本とリスクの統合

3.1.1 資本とリスクの統合モデル（試み）

P.シンピという実務家が、『Integrating Corporate Risk Management』という本を書いています。初めて読んだ時、衝撃を受けたのを覚えています。それというのも、「資本管理とリスク管理はコインの両面なのに、通常の財務理論はそれらを別々に取り扱っている。企業内でも、貸借対照表における資本政策など財務の最適化はCFOが主管、リスクマネジメントはリスクマネジャーが保険で、財務部長は資本市場で別々に企業のオペレーショナルリスクと財務リスクを管理している。…そもそ

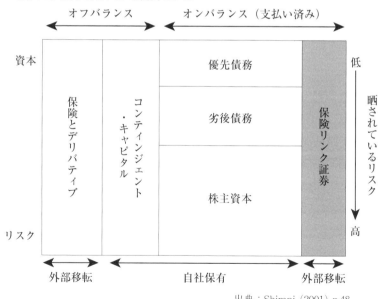

〔図10〕資本とリスクの統合モデル

出典：Shimpi（2001）p.48

も資本とリスクは関連しており、それらを繋ぐフレームワークが必要だ」[13]と述べているからです。「我が意を得たり」と、思った次第です。

実際、大地震、大事故、大規模リコールなど企業の命運を左右するような事件が起きた時、当然のことながら経営財務に深刻な打撃を与えます。リスクマネジメントは企業価値の最大化を目的としているのですから、そうした損失が発生しないように事前に準備を整え、万一発生した場合でも深刻な事態にならないよう想定内にコントロールするような諸活動です。本書では、リスクマネジメントをリスクコントロールとリスクファイナンスに分けて説明して来ました。リスクコントロールには費用が掛かるものがあり、それは経営的には投資（経費）です。その経済的効果は不確定で、事後的に反映されるだけです。一方、リスクファイナンスの代表的な手段である保険も同様に経費扱いとなりますが、その経済的効果は約定した保険金額であり明確です。なぜなら、その金額までキャッシュで支払われる制度だからです。

しかしながら、財務諸表上にその金額はどこにも現われません。これらはどのように考えればよいのでしょうか。〔図10〕をご覧ください。リスクをカバーする資本が多様であることに気が付くことと思います。オフバランスの資本には、リスクの外部移転となる保険とデリバティブ、リスクの自社保有となるコンティンジェント・キャピタルがあります。

3.1.2 事業リスクと必要資本

前述したP.シンピによれば、資本には、1）オペレーション資本（Operational Capital）、2）リスク資本（Risk Capital）、3）シグナル資本（Signaling Capital）の3種類があります。オペレーション資本は通常業務を行うための運転資本、リスク資本は業務遂行によって生じる財務的なリスクを吸収するための資本、シグナル資本は、投資家などの外部ス

テークホルダーに会社が財務的に強固であると安心してもらうための資本です。必要資本は、式①のように1）から3）を足し込みます。

必要資本 ＝ オペレーション資本 ＋ リスク資本 ＋ シグナル資本　（式①）

ところで、生じる可能性のあるインシデント（事故・事件）の全てを貸借対照表に表われるオンバランス上で準備するとなると、膨大な資本が必要になってしまいます。これでは資本効率（ROA、ROE）が低下してしまいます。そこでコンティンジェント・キャピタル、保険とデリバティブというオフバランス（〔図10〕の資本参照）によるリスクヘッジ手法を活用する選択肢が出てくるのです。そうすると、企業のリスクをヘッジする実質的な資本とリスクは以下の式②で表わされることになります。オンバランスは保有リスクと外部移転する保険リンク証券[14]、オフバランスの内、コンティンジェント・キャピタルは保有リスク、保険とデリバティブはオフバランスで外部移転リスクです。

広義の資本 ＝ オンバランス ＋ オフバランス　　　（式②）

ここで、必要資本がオフバランスを加味した「広義の資本」より大きいのであれば（式①＞式②）、企業が晒されているリスクを資本が十分にカバーしていない、つまり資本が不足している状態を意味します。必要資本と資本がつり合っていれば（式①＝式②）、企業の資本は適切に手当てされていると言えます。実際の資本が必要資本より大きい（式①＜式②）ようであれば、資本が過剰であり資本効率は低い状態と言えそうです。

3.1.3 ROE 革命？

　ROE（自己資本利益率）は1990年代初頭に入ってきた経営用語ですが、日本人経営者の間には、つい最近まで本当の意味で浸透していなかったのではないかと思われてなりません。それというのも、長きにわたる無借金経営への憧れと賛辞、「会社は誰のものか」という古くて新しいテーマなどに起因しているのではないかと考えます。ところが、最大の投資家である機関投資家に対するスチュワードシップコードの制定（平成26年2月）、経済産業省が主導したいわゆる「伊藤レポート」（平成26年8月公表）、上場企業の規範を定めたコーポレートガバナンスコードの制定（平成27年5月）を契機に流れは大きく変わりました。これに拍車を掛けたのがISSなどの議決権行使助言会社で、過去5年間のROEの平均値が5％を下回る企業について、株主に経営トップの取締役選任議案に反対するよう勧告するとの助言方針を発表したのです。その後は、「ROE 5％」あるいは伊藤レポートの「ROE 8％」という数字が独り歩きしている感さえあります。

　さて、鋭い読者はもうお気付きのことかと思いますが、今回のオフバランス資本の活用（特に外部移転）は、実はROEやROAを向上させる実践的な施策なのです。なぜなら、株主資本や総資産は投入する経営資源であり、ROEやROAを計算する時の分母となる数値だからです。当然のことながら、分母は小さい方が計算結果は良くなるので、これらの増加を抑制する効果は小さくないのです。

　いずれにしても、漠然と将来的な備えとして利益剰余金を説得力のある説明なしに貯め込むことは、上場企業では難しくなりました。すなわち、「資本コスト以上に利益を上げられるプロジェクト案件がないのであれば、配当の増額または、かつ自社株買いを検討しなさい。利益剰余金は経営者のものではありません。株主のものですよ！」という声が聞こえてきそうです。経営者は株主資本に対して説明責任を求められるよ

うになったのです。

　そのような環境変化の中、社債で調達した資金で自社株買いを行うリキャップCBが増えていると報道されています[15]。この手法は負債を増やして純資産を減らす効果がありますので、ROEは見掛け上、改善します。財務的には、せっかく貯めた返済義務のない資金を返済義務のある資金（金利あり）に変えることを意味します。これは上場企業での話ですが、株式会社という形態をとる以上、非上場会社でも本質は同じはずです。読者の皆様はどう思われますか？

第4章　会計と財務分析の基礎

　本章は、この先出てくる内容を理解するために最低限必要と判断される会計や財務分析の用語・概念に絞って解説することを目的としています。よって、必ずしも網羅的ではなく、正確性を期するあまり、複雑になることを避けるために例外的な事項についてはあえて触れてない部分もあります。したがって、財務会計と経営財務分析を既に学習されている方は飛ばして頂いて結構です。

4.1　企業活動と財務諸表

　企業が事業活動を行うためには必要な資金を調達して、従業員を雇い、製造業なら製造設備に投資して工場を建て、原材料・部材を仕入れて製品に加工し、販売することによって、販売価格と掛かった費用との差額が利益となります。利益には法人税等が課税されます。事業に必要な資金は、投資家（株主）からの出資のほか、銀行からの借入れ、社債を発行することによって調達します。日本の商習慣では、原材料・部材、商品の仕入れは、締め日を設けて後日支払う方法（信用取引）が一般的に行われているので、現金の支出までにタイムラグが生じます。商品を販売する場合も、売上金の回収までに同様にタイムラグが生じます。販売先の業績が悪化した場合、代金の回収が滞るケースも出てくるでしょう。一方、従業員への賃金や水道光熱費・リース費用などの支払いは、売上金の回収状況とは関わりなく待ったなしです。また、製造した商品は全てが売れるとは限りませんし、受注生産でない限り、一定の在庫を保有していなければ販売機会を逃すことになりかねません。銀行

借入れで資金を調達した分は、元利を支払わなければなりません。また、業績が順調に伸びれば、仕入れ等に必要な運転資金需要が増え、工場増設の必要性も出てくることでしょう。

　こうした１年間（会計年度）の一連の企業活動に関わるお金の動き・状態を株主や債権者のために記録して報告する決算書類のことを財務諸表と呼びます。財務諸表は、損益計算書、貸借対照表、キャッシュフロー計算書の３種類の書類が中心となっています。（ただし、非上場企業の場合、キャッシュフロー計算書は要求されていないので、存在しない場合もあります）これらの計算書類は一定のルール（会社法、上場企業なら金融商品取引法も）に基づいて作成されます。もし、各社バラバラの基準で財務諸表が作成されるようなら、そもそも財務諸表に対する信頼性は失われ、企業間の比較はもちろんのこと、同一企業の経年比較ですら意味がなくなってしまいます。

　財務諸表を読んで理解するには、そのルールをある程度学習する必要があります。この本を手にされた方は、会計のプロフェッショナル（税理士、経理部員など）を目指しているわけではないと思います。保険販売に必要な財務情報が読めればよいのです。保険販売に携わる人は、関連する人とのコミュニケーションに電子メールやSNSを日々使っているはずです。保険提案書の作成、顧客へのプレゼンテーションにコンピューターはなくてはならないツールです。それでは私たちはコンピューターがどのような部品から構成され、どのような過程を経て情報が検索され、プリントアウトされるのか、つまり一連の情報処理プロセスを経て作動しているのか、理解しなければコンピューターを操作できないでしょうか。そんなことはありません。日常の操作は、一定の手順を覚えれば誰でもできます。財務諸表を理解するためのルール（覚えなければならないこと）は、もう少し多いかもしれませんが、それらを使って行き着くところは四則演算の世界です。本書が取り扱う範囲に、

微分・積分、行列・・・など難しい数学は出てきません。進捗状況に応じて段階的に自分のペースで学習していけばよいのです。一見無味乾燥に見える数字の羅列も、多少読めるようになると会社の置かれている状況が理解できるようになります。また、複数年の財務諸表を時系列で分析することによって、その会社が辿ってきた歴史、その背後にある経営戦略が見えてくればしめたものです。なぜなら、その会社が持つ固有のリスクが浮かび上がってくるからです。CFOとのコミュニケーションに役立つことは請け合いです。

幸い、書店に行けば、初心者向けから上級者向けまで多くの優れた書籍が並んでいます。更に学習したい方は是非チャレンジしてみてください。要はやる気の問題、「習うより、慣れろ」とはよくいったものです。

4.2 財務諸表

企業が事業活動を行うにはお金が必要です。お金の流れを追ってみましょう。〔図11〕を参照ください。企業は、①資金調達活動、②投資活動、③営業活動を行って事業を展開し、利益をあげます。一見複雑そうに見えるかもしれませんが、右から左に番号順に見ていきましょう。

4.2.1 貸借対照表

貸借対照表は、バランスシート（Balance Sheet）、単にB/Sとも呼ばれます。

最初の①資金調達活動で得た資金は、すぐ下にある貸借対照表の右側に入っていきます（〔図11〕①から④⑤への矢印）。貸借対照表の右側はどのように資金を集めたのかという方法を表す欄です。貸借対照表の右側は、④負債と⑤純資産に区分されます。資金調達には、様々な方法があります。例えば、銀行は預金者が預けたお金を融資に回します。銀行

〔図11〕企業活動と財務諸表の関係

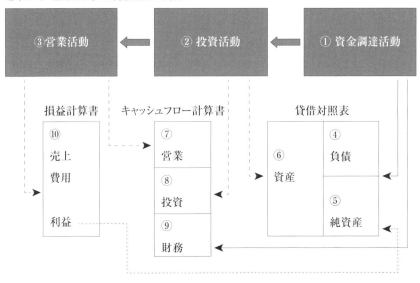

出所：國貞(2010) p.22を筆者が一部修正

から借り入れた場合、約定した金利を付けて元本も返済しなければなりません。社債は、資本市場から証券会社を経由して資金が入ってくるのですが、同様に元利を返済しなければなりません。これらの返済義務のある資金調達手段のことを、有利子負債と言います。一方、日本の商慣行である信用取引では、取引先から商品が納入されてから支払い日までに一定の猶予期間があります。このような猶予期間は、財務的にはその間融資を受けているのと同じ効果があるので、金利のつかない資金調達と考えられます。負債の欄には支払手形や買掛金と表記されます。また、前もって代金を受け取ったことによる商品の受け渡し義務のあるものは前受金です。これらの支払義務のある資金は、貸借対照表の④負債に区分されます。

投資家が株を購入して払い込まれた資金は、⑤純資産に入っていきます（〔図11〕①から⑤への矢印）。資本金や資本剰余金という名称で組み

入れられます。これらの項目は前述した負債とは性格が異なり、基本的に返済義務のない資金です。また、③営業活動を行って稼いだ利益（税引き後当期利益）は利益剰余金という名称で純資産に入っていきます（〔図11〕⑩から⑤への矢印）。これら以外にもあるのですが、複雑になりますのでここでは省略します。以上の④負債と⑤純資産は貸借対照表の右側に位置して、どのようにお金を集めているのかを表しています。繰り返しになりますが、重要なことは、④負債は返済義務のある資金で、⑤純資産は基本的に返済義務のない資金だということです。

次に②投資活動に入ります。①で集めた資金を、製造業なら工場（土地を含む）の建設などの生産設備に投資します。また、リース契約で生産設備を調達する場合もあります。これらの長期にわたるものは固定資産と呼ばれます。一方、製造するには原材料・部材も購入して生産に備えて在庫しなければなりません。半製品や完成品も売れるまでは在庫となります。これらは棚卸資産と呼ばれます。このように通常1年以内に現金化される資産を流動資産と言います。

さて、集めた資金の全てが上記のような固定資産や流動資産に変わる

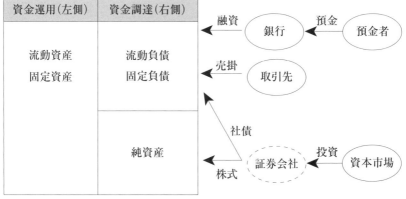

〔図12〕

わけではありません。現金や預金、商品やサービスを売ったことによって代金を回収するための受取手形、売掛金、株などの有価証券なども⑥資産の欄に入ってきます（〔図11〕②から⑥への矢印）。つまり、貸借対照表左側の⑥資産は、集めたお金をどのように使って運用したかを示しているのです。貸借対照表は1年間の企業活動における取引を反映した決算時点での資金調達と資金投下の状態を示したもので、その右側と左側の合計金額は必ず一致します。ちなみに、銀行から見た呼び方ですので少し違和感があるかもしれませんが、伝統的には右側を貸方、左側を借方と言います。

〔図12〕は、資金の提供者と金融機関（銀行、証券会社）、資金の性質を示しています。それぞれの資金が貸借対照表のどこに入るかを確認してください。

ところで、会社は不確実な事業環境の中で営業している以上、業績に変動はつきものです。万一、業績が悪化した場合、会社が破綻する可能性が出てきます。特に、会社に融資を行っている銀行や商品等を納入している取引先にとっては、自社の持つ債権が保全されるかが最大の関心事です。貸借対照表は会社の安全性を分析するために使われる報告書なのです。

4.2.2 損益計算書

次に③営動活動に移ります。営業活動をすることによって、売上が立ち、それに掛かった費用を差し引くことによって各段階の利益が計算されます。1年間の営業の成果である収入と掛かった費用は⑩損益計算書（P/Lとも呼ばれます）に記録されます（〔図11〕③から⑩への矢印）。損益計算書は会社の収益性と生産性（付加価値）を分析するのに役立つ報告書です。

営業活動を行うことによって得る収入から費用を引くと各段階の利益

が出ます。〔図13〕を参照ください。損益計算書の上から順に、売上総利益、営業利益、経常利益、税引前当期純利益、当期純利益が記載されています。経常利益は本業から上がる利益であり、分析する対象会社の基本的な収益力を表します。保険営業に関連するものでは、経常利益の次に、特別利益（＋）と特別損失（－）があり、大震災などで大きな被害（損失）が発生した場合には特別損失に計上され利益を圧迫し、利益額を超えると赤字に転落します。一方、高額な保険金が支払われると特別利益に計上されます。

保険の引受にあたって、売上高を把握するために損益計算書の提出が求められるケースでは馴染みのある財務報告書だと思われます。以前に筆者が代理店向けに営業セミナーを行った時のことです。「顧客企業は損益計算書と貸借対照表を開示してくれるのですが、貸借対照表は要ら

〔図13〕

Part Ⅰ

ないのでいつも返しています」と、おっしゃる代理店さんが複数いらっしゃいました。なんて勿体ないことをしているのでしょうか。損益計算書は収益性と生産性を示す書類であると述べましたが、実は損益計算書上で利益が上がっていても、財務的には苦しい会社はあります。例えば、損益計算書における売上高は、売れた金額（売価×個数）を表記していますが、生産したものの売れていない、あるいは売れ残った在庫は損益計算書には出てきません。それは貸借対照表を見なければ分からないのです。また、製造業であれば一度に同じ製品を製造することによって単価を下げることができるので、大量に製造して在庫として持っている場合があります。そうすると売上原価が下がるので売上総利益が出易くなります。損益計算書上では利益がでていても、実際は在庫が積み上がっていて現預金が減って資金繰りに窮する状況になっているケースもあるのです。これは損益計算書を単年度だけ見ていては分かりません。貸借対照表を複数年分析することによって顧客企業の財務状況が分かるのです。会社は赤字を出しても必ずしも潰れませんが、損益計算書上が黒字でもキャッシュが底をついた時（流動性がなくなった時）に経営破綻します。これを「黒字倒産」と言います。つまり、損益計算書上の利益と実際のお金（キャッシュフロー）は別物なのです。その重要なキャッシュフローを示す書類がキャッシュフロー計算書です。

4.2.3　キャッシュフロー計算書

　キャッシュフロー計算書は、企業の現金の流れを表すので現金創出能力と支払能力を見るのに役立つ書類です。会社が生むキャッシュフロー（以下、CF）には、①事業から生じる「営業CF」、②事業への投資活動を表す「投資CF」、③資金調達・返済、配当支払などを反映する「財務CF」の3種類があります。

　上場企業には作成・公表が義務付けられていますが、非上場企業では

作成されないことも多いと思われます。その場合、売上高に大きな変動がないのであれば、当期利益に減価償却費を足し戻す（加える）ことによって営業CFの概算額が得られます。なぜ減価償却費を足し戻すのかといえば、例えば工場を建設した場合、建設した年に多額の支払いをします。しかしながら、工場のような固定資産は何十年も使うことができるので、単年度でその支出額を経費とすることは実態とズレてしまいかねません。そこで定められた耐用年数に分けて経費として損益計算書に計上するのです。その経費分は実際にはお金がその年に支出されるわけではないので、実際のキャッシュを把握するためには足し戻して調整する必要があるのです。話を戻します。〔表2〕を参照ください。

〔表2〕CFのパターン

	a	b	c	d	e	f	g	h
営業CF	+	+	+	+	−	−	−	−
投資CF	−	−	+	+	+	+	−	−
財務CF	−	+	−	+	−	+	−	+

　CFが（+）とはお金が会社に入ってくることで、CFが（−）とはお金が会社から出ていっている状態を表しています。③営業活動によって、掛かった経費を引いて実際に入ってきたキャッシュが営業キャッシュフローです（〔図11〕③から⑦への矢印）。営業CFは、会社の稼ぐ力を表すことから、CFOが重視する指標です。営業CFは、一時的に（−）になっても十分な資産があったり、資金調達手段があれば大きな問題にはなりませんが、基本的には（+）でなければなりません。

　②投資活動は、何かに投資するとお金が出ていくので（−）、投資先から回収できれば（+）となります。将来の事業継続に投資する会社は（−）となります。（+）になる場合は、資金を引き揚げていることを意味します（〔図11〕②から⑧への矢印）。会社の継続性を考えると、陳腐

化対策としての投資や将来に対するR&Dなどへの投資が必要ですので、(−)が健全と言えそうです。

①資金調達活動を行うと財務CFが(+)となります(〔図11〕①から⑨への矢印)。財務CFが(+)となる時は、会社がお金を必要としている時です。逆に、借金を返済したり、配当を支払うとお金が出ていくので(−)となります。

それでは、会社のライフサイクルに合わせてCFのパターンを見てみましょう。CFの組み合わせは、(+)と(−)の2種類、営業・投資・財務の3種類、2の3乗となりますので組み合わせは合計8パターン(a～h)となります。人間の一生を企業のライフサイクルに例えると、起業から成長期、成熟期を経て衰退期に向かいます。以下に、ライフステージ毎に対応する一般的な組み合わせパターンを示します。

誕生(起業:h) ⇒ 幼児期(インキュベーション:h) ⇒ 青少年期(成長期: b, h) ⇒ 成人(成熟期:a, b, c) ⇒ 老人(衰退期:c, e, f)

典型的な企業のライフサイクルでは、起業からインキュベーション期は十分な営業活動ができないことが多いので、営業CFは(−)、しかも投資が先行するので投資CFも(−)、これでは資金がショートしてしまいます。そこで、どこからか資金を調達する必要があり、財務CFは(+)となります。したがって、パターンhが一般的です。成長期は、市場でのマーケットシェアをとるために投資が続きますが、営業CFが赤字の場合(パターンh)と黒字に転換する場合(パターンb)があります。成熟期には、市場である程度の成功をおさめ営業CFは(+)となります。この時点で、成長が望めないのであれば新たな投資は不要なのでパターンc、投資を続けて配当できるのであれば最も安定的なパターンa、更に資金が必要であればパターンbとなります。衰退

期は、利益が出る場合と赤字に転落するパターンが考えられます。前者では、成長がないので投資は不要となり、過去の投資から収入を得られる一方、配当でお金が出るようであれば、パターンcです。後者では、いずれジリ貧となるかもしれません。このように解説すると、投資CFが（－）の企業は将来のために投資する企業だと気が付かれた読者の方もおられると思います。そうなのです。キャッシュフロー計算書は、会社の実際のお金の流れを表すもので、そこから会社が置かれている財務的状況、経営としての将来に対する展望を推測することができる財務報告書なのです。

4.2.4　フリーキャッシュフロー

　フリーキャッシュフローとは、税金や設備投資などすべての必要支出を済ませた後に、自由に使える金額として手元に残る資金増加の純額です。以下の計算式となります（キャッシュフロー計算書がない場合は、別の計算式があります）。なお、本によっては、投資キャッシュフローを引くと表記しているものもありますが、投資キャッシュフローが負の場合は、マイナスのマイナスでプラスになってしまいますので注意が必要です。

| フリーキャッシュフロー | ＝ | 営業キャッシュフロー | ＋ | 投資キャッシュフロー |

　フリーキャッシュフローは大きい程、会社として自由に使えるお金が大きいわけですから経営状態は良いと言えます。フリーキャッシュフローがゼロまたは負の場合、会社を維持するために資産を売却したり、銀行などから資金を調達することが必要となるからです。

　なお、後述する企業価値評価で使うフリーキャッシュフローの算出には留意すべきポイントがあるのですが、本稿で取り扱う範囲を超えますので、これ以上立ち入らないことにします。

4.3 財務諸表分析

　企業を取り巻くステークホルダー、投資家（株主）にとっては「収益性」、融資を行う銀行や取引先にとっては「安全性」（リスク）が最大の関心事であることは先に述べました。会社の財務状況を報告する財務諸表を分析することにより、「収益性」「安全性」のみならず、会社の「生産性」「発展性」を把握することができます。会社の置かれている財務的状況・特徴が分かれば、顧客へのアプローチに活かすことができるはずです。書店に並んでいる財務分析に関する書籍を見ると、〇〇比率、〇〇回転率、〇〇率…など数十種類の経営指標が列挙されています。それぞれ特徴があり目的は異なるのですが、筆者が財務分析をする時に使っている経営指標の内、保険営業に有用と思われるもの、インターネットで簡単に入手できるものに絞って解説したいと思います。

　それでは財務諸表は、どこにあるのでしょうか。上場企業であれば、インターネットで「EDINET」（「エディネット」と読みます）と入力すると、有価証券報告書を検索することができます。非上場企業であれば、基本的に顧客から直接入手するしかありませんが、後述するように上場企業の同業他社の財務諸表は参考になります。

　分析の切り口としては、1）自社の財務データを時系列で、その変化を分析する視点（時系列分析法）、2）自社の財務データを同じ業界内の他社と比較する視点（クロスセクション分析法）があります。また、上場企業で中期経営計画などを公表している会社であれば、3）目標値と実績値を比較する方法もあります。

　1）時系列分析法は、自社の過年度のデータと比較する方法で、推移（変化）を把握することができます。少なくとも3年、できれば5年以上のデータを検討する必要があります。売上高や利益の増減、自己資本比率、キャッシュフローなどを観察することによって、会社の辿ってき

た歴史が大まかに把握できます。熟達した公認会計士によれば、会社の会計処理方法は基本的に同じなので粉飾や無理な会計処理をしている場合でも、時系列で眺めると見えてくることがあるとのことです。なお、景気循環や産業構造の変化も加味して分析することができればベターです。

2) 会社の財務構造は、その企業が属している産業に基本的に依存します。つまり、同一産業の会社は類似の財務比率となる傾向があるので、アプローチ先の会社が非上場企業であって財務諸表が入手できない場合でも、同一産業に属する上場会社のそれを調べることによって類推することができるからです。なお、業界別の財務数値は、財務省『法人企業統計年報』、日本政策投資銀行『産業別財務データハンドブック』、中小企業庁『中小企業実態基本調査』などがあるので比較する際に参考になります。

3) 目標値と実績値の比較は、過年度に設定した目標値に対する進捗状況が分かるとともに、経営陣の情報開示の癖が出る場合もあります。

それでは収益性と生産性から始めましょう。

4.3.1 収益性と生産性

有価証券報告書の主たる利用者は投資家であるため、自己資本純利益率（ROE）はどの会社のものにも掲載されているので容易に比較が可能です。計算式は、

$$自己資本純利益率 = \frac{当期純利益}{自己資本}$$

ROEは株主が提供した資本を使ってどれくらい効率的に利益を上げているかという指標であることから、CFOが最も重視する経営指標と

なっています。「伊藤レポート」や外資のアクティビズムの影響もあり、以前に比べて経営陣が気にかけるようになった指標です。しかしながら、会社が使用している資本は株主から預かっている自己資本（≒純資産）だけではなく、負債（返済義務のある他人資本）を合わせた総資産を使って事業を行っているのですから、会社本来の収益性は総資本事業利益率（ROA）で評価すべきと考えます。なお、自己資本純利益率はReturn on Equity の和訳ですが、株主資本利益率とも呼ばれます。

生産性を測る指標はいくつもありますが、ここでは資産の有効度合いを測る指標である「総資本回転率」を取り上げます。計算式は、

$$総資本回転率（回） = \frac{売上高}{総資本（当・前年度末の平均）}$$

なお、計算する時には、分母の総資本は前年度末と当年度末の総資本を足して2で割らなければなりません。つまり平均値であることに注意してください。この指標は会社が経営に投入している総資本が売上に対して何回転しているかという効率を示しています。一般的に、非製造業は製造業よりも高い傾向がありますが、業種によって様々です。

4.3.2 安全性

安全性を示す指標の内、中長期的な安全性を示す指標として「自己資本比率」、短期的な指標としては「流動比率」があります。自己資本比率の計算式は、

$$自己資本比率 = \frac{自己資本}{総資本}$$

自己資本には、純資産の株主資本とその他の包括利益累計が含められます。この指標は使用している総資本の内、返済義務のない資金の割合を示していることから、一般的にはこの比率が高い方が財務的な安全性が高いと考えられます。しかしながら、後述するようにROEを高めるためには、自己資本比率が低い方がレバレッジ（財務的な梃子の原理）が働くので、収益性を加味すると高ければ高い程良いとは言えません。また、自己資本比率が低くても経営していける電鉄業界、自己資本比率を上げていくことが求められている金融業界など、業種によって事情は様々です。

短期的な指標としての流動比率は、返済期間の近い負債額に対して現金など流動性の高い資産を手元に持っているかという指標で、この値が高い方が流動負債の返済能力は高いと判断されます。計算式は、

$$流動比率 = \frac{流動資産}{流動負債}$$

本によっては、120％以上とか200％ある方が望ましいとの記述があるものもありますが、業種によって異なりますのであくまで参考値です。

4.3.3 発展性

会社の発展性は、その企業が属する業界が成長段階にあるのか、成熟あるいは衰退しているのか、外部環境に相当程度規定されます。したがって、利益の上がる業界・セグメントを選んで事業を行うべきだという考え方があります。経営戦略論のポジショニング学派の見方です。一方、外部環境はどうあろうとも、イノベーションを起こす技術や組織力などが自社に十分に備わっているのであれば、競争に勝てるという考え

方もあります。会社の内部資源に着目するケイパビリティ学派の見方です。筆者はどちらの考え方も正しいと考えます。いずれにせよ、会社の目的が「価値を創造すること」であるとするならば、会社を取り巻く事業環境が変化する中で、将来に対する投資をしないならば成長は覚束ないと思われます。そこで、ハードウエアに対する有形固定資産と減価償却費の比較、ソフトウエアに対する売上高研究比率を取り上げます。

事業遂行にあたって、特に一定の設備・装置を要する産業では、劣化・陳腐化するハードウエアに対する投資を計画的に行わなければ、いずれ設備や装置が古くなり競争力を失うことになりかねません。減価償却費は既存の設備等の更新に充てられるとすると、キャッシュフロー計算書（投資キャッシュフロー）の有形固定資産への投資額（購入と売却の差額）と減価償却費を複数年の期間で比較することによって、物価の変動がないという前提付きですが、将来に対する経営姿勢（純投資額）が見えてきます。

また、イノベーションの柱となる知的財産権の獲得は会社の将来を大きく左右する要因です。AI（人工知能）や医療用医薬品など最先端の分野では、売上高に対して研究開発への投資額比率が15%を超える会社もあります。すなわち、売上高研究費比率が高い会社は将来に投資しているのです。もちろん、研究開発の成果は必ずしも約束されているわけではありません。しかし、経営が順調な時もそうでないときも、計画的に未来を見据えて投資を継続する会社には期待が持てるのではないでしょうか。計算式は、

$$売上高研究費比率 = \frac{研究費}{売上高}$$

上記以外で企業の発展性を示す指標としては、1）新製品の売上高が

占める割合、2）新市場（海外・地域など）における売上高の伸び率が挙げられます。これらは情報開示（IR）のセグメント情報が充実している場合、容易に入手できる情報です。逆に言えば、そのようなセグメント情報を積極的に発信している企業は、透明性と成長マインドが高いと思われます。

　以上が、保険の販売に最低限必要な会計と財務分析の基礎知識です。本節の冒頭でも述べましたが、財務分析の手法は沢山あります。本稿で取り上げた以外にも、1）収益性と生産性では、売上営業利益率、売上経常利益率、売上当期利益率、付加価値率、固定資産回転率、減価償却率、棚卸資産回転率……、2）安全性では、当座比率、手元流動性、固定比率・固定長期適合率……、3）発展性では、新製品の売上高に占める比率、また、財務データではありませんが役員や従業員の平均年齢、SDGsへの取り組み……、頭が痛くなりそうです。必要に応じて、できる範囲内で試してみてください。更に興味を持たれた読者の方は、巻末に参考文献を挙げておきましたので、学習頂ければと思います。

Part I

第5章　コーポレートファイナンスの基礎

　CFOにとって、意思決定の中心的な目的は企業価値の最大化です。経営戦略におけるコーポレートファイナンス（以下、ファイナンス）の役割は、〔図14〕に示すように、経営者が選択可能な代替案の評価（経営資源の配分）および財務上の意思決定（資本構成・利益還元）の立案・実行、会社業績（キャッシュフロー、資本コスト）の評価であり、それを経営戦略に反映することです。また、経営行動を常時モニタリングする

〔図14〕経営戦略におけるファイナンスの役割

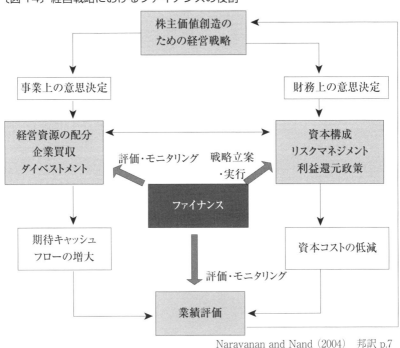

Narayanan and Nand（2004）　邦訳 p.7

ことで、経営戦略上の財務的意思決定と実行に資することです。

　経営戦略に従って配分された経営資源を使って事業を行い、成功すればキャッシュフローが増えます。また、資本構成、リスクマネジメントなどを上手く実行することによって、資本コスト（資金調達に関わる費用）は低減します。それらは相まって企業価値の向上に貢献するのです。ファイナンスは、経営戦略の意思決定を支え、進捗状況をモニタリングし、評価する過程を通して、経営上重要な役割を果たしているのです。

　企業価値については後ほど触れますが、ファイナンスの世界では、「企業価値≒株主価値」です。少なくとも米国流ファイナンスでは、これが常識です。典型的な日本人の感覚からすると、少し違和感を覚えるかもしれません。なぜなら、顧客や社員など重要なステークホルダーの存在を無視して、株主価値だけに注目するのは行き過ぎではないか。そもそもステークホルダー間には、利害を巡って対立があるではないかという議論です。もっともな主張のようです。

　しかしながら、会社を巡る多様なステークホルダーに価値がもたらされることなく、株主価値が生み出されることはない、つまり、株主以外のステークホルダーの価値が最適化されなければ、株主価値は最大化されないと考えられるからです。なぜなら、株主は会社の資産の残余請求権者（他のすべてのステークホルダーに支払われた後でしか、支払を受けることができない者）だからです[16]。感情論は別にして、一応理屈は通っています。実際、損益計算書を見てください。最初に出てくる売上高から売上原価（部材の納入業者、従業員への給料、エネルギー費用、ほか）、販管費（給料、家賃、広告宣伝費、リース料、ほか）、営業外費用（銀行や社債権者への利息、ほか）、そして国や地方に税金を支払った後の当期純利益が基本的な株主配当の源泉なのです。また、株主は会社の所有者であるにもかかわらず、会社を解散・清算する時も、他のステークホルダーに支払った残りがやっと株主の帰属なのです。

Part I

　この章では、CFOや財務スタッフとの議論に最低限必要と判断される事項に絞って解説します。すなわち、貨幣の時間的価値と投資（金利と時間、現在価値、投資の意思決定）、企業価値（加重平均資本コスト、DCF法、EVA）、資本政策（MM理論、資金調達）です。したがって、上記の内容を既に学習されている読者の方は、読み飛ばして頂いて結構です。

5.1　貨幣の時間的価値と投資

　あなたは100万円を銀行の定期預金に預けようと考えています。利率は3％です。1年後はいくらになりますか。ただし、税金は考えないことにします。

　　　100万円　×　（1 + 0.03）=　103万円

答えは、利息が3万円増えて、103万円です。現在100万円持っている人は、確実に1年後には103万円に増やすことができるわけですから、同じ金額の100万円でも、現在の100万円と3年後の100万円では価値が違うのです。このように将来における価値のことを「将来価値」と呼びます。

　それでは3年間の複利であればどうなるでしょうか。

　　　100万円 ×（1 + 0.03）×（1 + 0.03）×（1 + 0.03）= 109.27万円

利息は9.27万円となり、単年の利息3万円を単純に3倍した金額（9万円）より多くなっています。それは、2年目には1年目に増えた利息3万円を元本に繰り入れることによって、増えた利息にも利息が付くからです。3年目も同様に、利息が利息を生む仕組みです。一般式で表すと、

$$\text{元利合計} = \text{元金} \times (1 + \text{年利率})^{\text{年数}}$$

第5章 コーポレートファイナンスの基礎

　現在100万円持っている人は、3％の運用が確定しているのであれば、3年後には確実に109.27万円に増えるのですから、現在の100万円と3年後の109.27万円は同じ価値だと考えられます。つまり、3年後の109.27万の現在における価値（「現在価値」と言います）は100万円なのです。一般式で表すと、

$$\text{現在価値} = \frac{\text{将来価値}}{(1 + \text{割引率})^{\text{年数}}}$$

　この式は、将来の価値を現在の価値に割り戻す計算をしているのですが、その時に使う年利率のことを「割引率」と呼びます。将来価値を現在価値に割り戻す（割り引く）からだと理解してください。

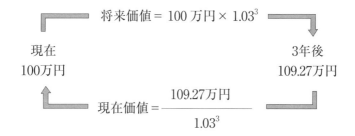

　大切なことは、年利率（使うケースによって、金利、利息、利子、割引率と呼ばれます）は貨幣の時間的価値であり、ファイナンスを理解する上で重要な要素となっています。

　次に貨幣の時間的価値を応用した問題を考えてみましょう。仮にあなたが書店を経営しているとしてみましょう。ところが、万引き被害が多く頭を痛めています。先月、「万引きは見つけ次第、学校・職場に通報します」という警告文を張り出したのですが、あまり効果はありません。同業の隣町にある書店主に相談したところ、彼の店では監視カメラ

Part I

を導入したところ万引き被害がかなり減ったとのことでした。早速、監視カメラの業者を紹介してもらい、次のような見積もりと設置効果予測の提案を受けました。運転資金として銀行から年利5％で借りているので、導入するための現金はあります。監視カメラを設置すべきでしょうか、考えてみてください。ただし、ここでは税金・電気代は考えず、話を簡単にするために監視カメラシステムは5年間のみ機能する（使用可能）と仮定します。

提案条件： カメラ5台、レコーダー1台、設置費用を含み57万円年間の被害防止予想額12万円（年末に集中して発生と仮定）

<答>

この提案は、ファイナンス理論的には行わない方が合理的と考えられます。5年間で得られるメリットの合計60万円（12万円×5年間）は、支出額の57万円を上回るのに不思議な気がするかもしれません。〔図15〕を参照ください。

確かに毎年の万引き予想防止額は12万円ですので、その累積額は60万円です。しかしながら、1年目のメリットである12万円の現在価値は、

〔図15〕

	現在	1年目	2年目	3年目	4年目	5年目
予想防止額		12万円	12万円	12万円	12万円	12万円
現在価値 （万円）	11.4	←				
	10.9	←=12/(1+0.05)^2				
	10.4	←=12/(1+0.05)^3				
	9.9	←=12/(1+0.05)^4				
	9.4	←=12/(1+0.05)^5				
合計	52.0					

注:^ 記号は投資からの期間のべき乗

第5章 コーポレートファイナンスの基礎

11.4万円（12 ÷ 1.03）です。2年目は同様に10.9万円…5年目の12万円の現在価値は9.4万円です。このように割り引いた現在価値の5年間の合計額は、60万円ではなく52万円です。〔図16〕は実際の初期投資（薄いグレー）とメリットの現在価値（濃いグレー）を示しています。すなわち、メリットである濃いグレー部分の現在価値の合計額52万円よりも初年度（現在）に監視カメラシステムの導入によって支払う57万円の方が大きいのです。したがって、メリットよりもコストが大きい（正味現在価値が負の状態）であることからペイしないと判断されます。それではなぜ5％で割り引かなければならないのでしょうか。それは、あなたは銀行から5％の金利で融資を受けて書店経営を行っているからです。つまり、事業を行うのに5％のコストが掛かっているのです。この投資を実行することによって運転資金が不足して、更に金利5％で借金をしなければならなくなる、あるいは他に、より効果的な資金の使い道があるかもしれません。資金調達している金利以上に付加価値を生まない投資は避けるべきなのです。

ところで、仮に銀行から借り入れる金利が5％ではなく、3％あるいは1％だったらどうなるでしょうか。その現在価値を計算すると、3％

〔図16〕

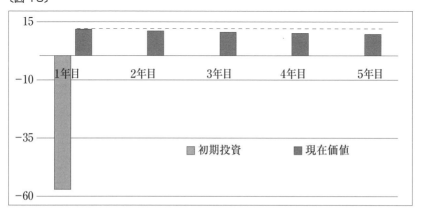

では55万円、1%では58.2万円となります。金利が5%と3%の場合は現在価値が見積額よりも小さい（正味現在価値がマイナス）ので提案は採択されませんが、1%の場合はペイするので採択となります。

金利	5%		3%		見積り		1%
現在価値	52万円	<	55万円	<	57万円	<	58.2万円
正味現在価値	−5万円		−2万円				＋1.2万円

同じ監視カメラシステムを導入して、同じ効果を仮定として置いているのに結論は異なってきます。それは資金調達コストが違うからです。もうお気づきのように、事業を行う上で資金調達コストは低い方が財務的に有利なのです。このようにプロジェクトなど投資案件を検討する時に使う利率、超えるべき設定水準のことを「ハードルレート」と呼びます。

ファイナンス的には投資案件の意思決定は、このように検討されます。上記は、正味現在価値（Net Present Valeu, 略してNPV）による投資判断手法ですが、これ以外にも、回収期間法、内部収益率法などいくつかの評価方法があります。

さて、保険の加入を検討する場合、過去の事故データによって期待損失とその変動性がある程度推測できるのであれば、保険以外の様々なリスクヘッジの方法との比較検討は可能です。優れたCFOとそのスタッフは、このような計算をした上で保険加入の意思決定をしているはずです。

なお、実際の投資の意思決定に際しては、金銭的なシミュレーションのみで行っているわけではなく、様々な要件を考慮して総合的に判断がなされます。保険の購入では、保険会社の財務格付け、付加サービスなども考慮されることでしょう。今回の事例では、監視カメラシステムを

導入することによって、来店客とのトラブル防止に役立ち接客に集中できるようになり、その結果、店の評判が向上すると経営判断するようであれば、例え正味現在価値が負であっても投資することも考えられます。つまり、コーポレートファイナンスは、経営方針に基づいて策定された経営戦略実行における意思決定を補佐する役割があるのです。

5.2 企業価値

新聞記事を読んでいると「企業価値」「企業価値の向上に資するか」といった単語やフレーズをしばしば目にします。一般的には株式の時価総額を意味することが多いようです。しかしながら、正しくは株式の時価総額（株価×発行済み株式数）にネット・デット（有利子負債－現金および現金同等物）を加えたものです。

$$\boxed{企業価値} = \boxed{株式時価総額} + \boxed{ネット・デット}$$

上場企業の株式の時価総額はインターネットで簡単に調べられます。ネット・デットは理論的には時価で評価すべきですが、著しい変動がない限り実務的には簿価で構いません。ところで、株価の市場価格が存在しない非上場企業はどうすればよいのでしょうか。DCF 法、DDM 法、経済付加価値法（EVA）、APV 法などいくつもありますが、本稿では最もオーソドックスな DCF 法と経済付加価値法（EVA）について保険との関係について解説したいと思います。

5.2.1 DCF 法

DCF 法は、意味ある経済活動を行っている企業に対する社会からの対価が利益であるなら、その企業が将来にわたって生み出すフリーキャッシュフローの合計額です。ちなみに、上場会社の企業分析を専門

〔図17〕

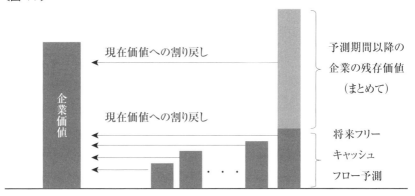

に行う証券アナリストも将来の企業価値を予想（＝株価予想）するのにDCF法を使う人が多いようです。

〔図17〕は将来の「フリーキャッシュフロー」を「加重平均資本コスト」で割り戻した現在価値の総和に、業績を予想した最終年の残存価値も現在価値に直して加えて算出することを表しています。ここで予測期間以降の企業の残存価値をまとめて現在価値へと割り戻すのですが、その残存価値をどのように計算するのかという疑問が湧く方も居られると思います。その残存価値も同様に将来キャッシュフローを割り引いたものを使います。考え方は数学で出てくる「永久年金」です。プロの証券アナリストは、5期～10期間程度の業績を様々な分析結果を加味してシミュレーションをするそうです。ここでのキーワードは、加重平均資本コスト（Weighted Average Cost of Capital, 以下WACC、ワックと呼びます）です。WACCの詳細については、Part Ⅲの解説欄をご覧いただくとして、WACCは節税効果のある負債コスト（利子率）と節税効果のない株式資本コスト（株主が要求する収益率）を資金調達した割合で算出したもので、資金提供者が企業に要求する期待収益率と呼ばれます。期待収益率は当該企業のリスクの高さを表します。リスクの高い事

業に投資した株主は、高い成果を要求します。不確実性が高いのであれば、株式を安く買わないと割に合わないですよね。一方、リスクの低い事業に投資した株主は、相応の業績を期待することでしょう。このように投資家が認識するリスク（不確実性）はリスクプレミアムという形で割引率に反映されるのです。

株主資本は基本的に返済義務がない資金ですので、その割合が高い程安全性は高いと評価されますが、一般的にその要求する収益性は利子率よりも高いのでWACCを引き上げる傾向があります。WACCの上昇は割引率の上昇であり、将来キャッシュフロー等を現在価値に割り戻す時に不利に働き企業価値を減少させます。

さて、大災害やPL事故など経営財務を毀損する案件が発生した場合、担保する保険に加入していなければ、どのような資金調達手段が考えられるでしょうか。〔図18〕を参照ください。貸借対照表の負債（右側の上）から考えてみましょう。コミットメントラインを予め設定していれば、限度額までは銀行から融資が得られます。もし、そうでなければ個別に融資の交渉を行うことになりますが、財務状況の悪化が予想される場合は借入れ条件が悪くなるかもしれません。最悪の場合、融資を断られるケースも考えられます。社債の発行も同様です。なお、コミッ

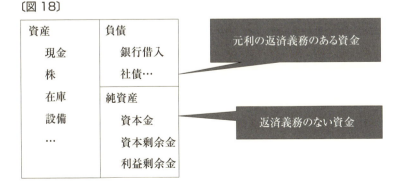

〔図18〕

トメントラインは大震災の場合、不可抗力条項によって融資を断られる可能性があります。

次に、保有する純資産（右側の下）で対応する場合は、利益剰余金、資本剰余金、資本金の順で使われていきます。会計用語ではありませんが、内部留保とは利益剰余金のことを指すようです。言葉のイメージから誤解している人がいるようですが、税引き後の利益蓄積は確かに利益剰余金に入っていきますが、それは資金調達の区分を示しているだけで、キャッシュがその額あるというわけではありません。なぜなら、獲得した利益は次の企業成長のために工場の建設や研究開発などにも投資され、必ずしも現金で残っているとは限りません。また、株式で運用している場合は価格の変動があり、流動性がないものも含まれるかもしれません。仮に万一に備えて、キャッシュを伴う利益剰余金を過剰に維持するとすれば、WACC が上昇し、前述したとおり企業価値を減少させます。

したがって、特に経営指標として ROE を意識した経営を行っている会社は、分母になる純資産をスリム化するために、保険料を損金扱いできる損害保険を簿外資産として位置付けて有効活用しているのです。

5.2.2　経済付加価値法

経済付加価値（Economic Value Added、頭文字を取った EVA はスターン・スチュワート社の登録商標）は、以下のとおり計算されます。

EVA　＝　NOPAT（税引後営業利益）　－　投下資本　×　WACC

会計上の利益は、利息（銀行と社債権者へ）と税金（政府等へ）を支払った後の当期純利益（配当と支払利息の間の破線）を指します。当期純利益がプラスであれば、事業を行って利益を出していると言えます。しかしながら、〔図 19〕で示すように、EVA では有利子負債コストだけ

〔図 19〕

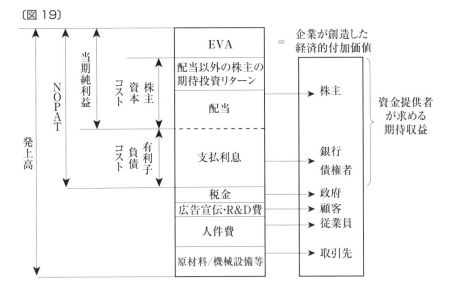

伊藤(2014)p.405を筆者が改編

ではなく株主資本コストも控除した値ですので、利益が資本コストを上回る部分を経済的に付加された価値と考えるのです。換言すれば、株主資本（資本金・資本準備金・利益剰余金）をスリム化しないと利益が出にくい構造であり、より厳しい基準と言えます。

5.2.3 非財務情報とリスクプレミアム

銀行や投資家（株主・社債購入者）などの資金提供者は、企業が開示する経営情報を検討して資金提供の可否を判断します。経営情報は、財務情報と非財務情報に分けられます。財務情報は、貸借対照表・損益計算書・キャッシュフロー計算書などの財務諸表で、主として過去・現在の業績と資産状況を数値で表します。一方、非財務情報とは財務諸表に現れない知的財産権・ノウハウ・人的資源・組織と企業文化などの無形資産から構成され、事業を行うことによる環境負荷、ダイバーシティ、

従業員対応、製造物責任、内部統制（ガバナンス）…など中長期的に企業価値に大きな影響を与えるものとして着目されています。

　企業価値を構成する要素としては、有形資産よりも無形資産の方が遥かに大きいという調査結果（2015 年、米国 S&P500 の時価総額に占める無形資産の割合は 87％）[17] も公表されています。このような無形資産を含む非財務情報を投資判断に活用する投資手法を ESG 投資と言います。E は環境、S は社会、G はガバナンスを意味し、これらが優れた企業は ESG 総合スコアが高くなり中長期的な企業価値の向上が期待できるとの判断から選別して投資するものです。つまり、株が買われ株価が上昇することになります。逆に、これまで好調に利益を上げている企業であっても、ESG 要因が適切に経営されていないと判断されれば、リスクがあると判断され、DCF 法における分母である割引率にリスクプレミアムが加算され、企業価値評価に不利に働くようになります。実際に計算してみると分かるのですが、少しの割引率の変化でも複利で長期間の計算を行うとかなりの違いになることに驚かされます。

5.3　資本政策

　後にノーベル経済学賞を受賞するフランコ・モジリアーニとマートン・ミラーという経済学者が「資本コスト、企業金融、および投資理論」（「MM 理論」と呼ばれる。1958 年発表、1963 年修正）という論文を共同で執筆しました。MM 理論は、3 つの命題からなり、負債リスク・税金・取引コストのない完全資本市場では、資本構成は企業価値に影響を与えないという企業評価に関する第 1 命題は、経営財務の理論的発展に大きな貢献をしたと言われています。それというのも、当時は、「企業価値を最大化する最適資本構成は存在する」と漠然と考えられていたからです。しかしながら、実際の資本市場では企業の資本コストは負債と

株式では異なり税金も存在します。負債は株式より資本コストが低く、その利息は損金算入できることから、負債比率の上昇は企業価値の向上に寄与します。〔図20〕を参照ください。

〔図20〕レバレッジのイメージ図

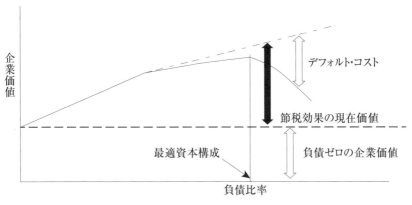

出典：砂川・北川・杉浦　p.166

負債比率は、財務レバレッジ（詳しくは Part Ⅲ 参照）と呼ばれます。計算式は以下のとおりです。

$$財務レバレッジ = \frac{総資本}{自己資本}$$

それでは負債比率が高ければ高い程企業価値が高まるのかと言うと、話はそう簡単ではありません。負債比率が高くなり過ぎると、借入金が返済できなくなる財務リスクが高まり、企業価値が低下傾向になることが知られています。これは必要な資金の全てを借入金で賄った場合と返済しなくてもよい株式を組み合わせた場合を比べて考えれば直感的にも理解できると思います。いわゆる倒産リスクの高まりは会社の財務格付

けに影響を与えることによって、調達金利も上がるのです。熟達したCFOは理論と自社の置かれている状況を踏まえて資本政策を考えています。以上、見てきたように、万一の場合に簿外資産のように機能する保険は、自己資本を過大に大きくすることなく財務レバレッジを利かせる効果があり、企業価値とROEの向上に寄与すると言えます。

　なお、最適財務構成は業種固有の収益構造やリスクと関連することから、一概に財務レバレッジは何％が最適とは言えない性格の経営指標です。

第6章　ステークホルダーと保険

　会社には様々なステークホルダーが存在し、リスクとコストを巡って利害を共有あるは対立しています。この章では、会社の所有者である「株主」、経営者と社員は必ずしも利害を共有しませんが社内で括って「経営者と社員」、銀行・取引先・顧客・NPO・監督官庁・自治体など社外の「債権者と顧客等」、以上3つのステークホルダーに分けて考えてみましょう。CFOは経営者の一員ですが、会社を取り巻くそれぞれのステークホルダーに目配せしながら、最適なリスクファイナンスを考える責務があります。

6.1　ステークホルダー

6.1.1　株　　主

　「会社は誰のものか」という古くて新しい議論がありますが、感情論を抜きにすれば、会社の所有者は株主です。オーナー社長が100％の株式を保有しているのであれば、株主と経営者の利害は完全に一致しますが、株主が複数になる（分散する）と異なった状況になります。上場企業では、不特定多数の株主が会社を所有し、基本的に所有と経営は分離する構造となっています。

　投資家は、持っているお金を増やすために色々な資産に投資します。ゼロ金利政策の下では、銀行に預金してもほとんど利子はつきませんが、過去には定期預金の金利が年5％という時もありました。投資家は、1,000万円の定期預金を作れば、1年後には確実に50万円の利子が

得られます(預金保護制度の範囲内、ここでは税金は考えない)。その他の投資先として、国債、社債、金、不動産、株式、インデックスファンド…など投資の選択肢は多様です。証券市場に上場している会社の株式を購入(投資)する場合、配当と株価の値上がり(キャピタルゲイン)が期待できますが、買った時よりも値下がりする可能もあり、最悪の場合、倒産すると株式の価値がゼロになることも覚悟しなければなりません。つまり、価値が変動するリスクがあるのです。リスクをとらずに保証される投資先(定期預金や国債)がある以上、変動リスクのある投資は、その分割り引いて安く買わないと(=高い利回りを要求しないと)割に合いません。そのような追加的な期待収益(率)のことをリスクプレミアムと呼びます。したがって、変動する可能性が高いと予測される会社のリスクプレミアムは高く(株価は低く)なります。また、類似のリスク水準の投資物件に投資した場合に得られたであろう期待収益のことを「資本の機会費用」[18]と言います。

　さて、投資家は、どの投資案件を選択してもよいわけであり、株に投資するとしても、A社、B社、C社…どの会社でも選ぶことができます。例えば、投資したA社が新規プロジェクトを企画していて、成功すれば利益が大幅に増加すると予測されるなら、買いたい投資家が増えるので、需給関係から株価は上がります。倉庫が全焼して当面営業活動が止まるようなら、株価は下がるでしょう。つまり、株式は業績によって投資利回りは上下し、最悪の場合はゼロになります。しかしながら、TOPIXなど何千社を投資対象としたインデックスファンドを購入すれば、単純に考えて会社の個別の業績や事故は何千分の1に薄まってしまい大きな影響を与えなくなります。逆に、業績が良くなった会社と相殺されるかもしれません。つまり、個別の会社に関わるリスクは無視してもよい程、分散されるのです。コーポレートファイナンスの世界では、投資先が十分に分散されている場合、投資家にとってコストの掛かる個

社のリスクマネジメントは要らないと言われる理由です。

　一方、株主の数の少ない企業の株保有者、例えば中小・中堅のオーナーや親族で経営する会社の場合、リスクが分散していないので状況は異なります。もちろん、個別銘柄に投資している投資家も同じです。インシデントが発生すれば、保有する株の持ち分だけ企業価値が減少するからです。したがって、個別企業の株式を保有している株主にとっては、リスクマネジメントは必要な活動と言えます。

　株式に投資する人は、ある程度リスクを許容して株式を買うので、上手く行けば株価が上がるプロジェクトを好む傾向があります。

6.1.2　経営者と社員

　会社の内部にいる経営者と社員は、会社の業績が良ければボーナスが増え、倒産すれば職を失うという点では、共通の利害関係にあるかもしれません。会社の業績に大きな影響を与えかねない事故対策（リスクコントロール）を行い、万一発生した場合には損失を補てんする保険（リスクファイナンス）に加入するモチベーションが基本的にあるはずです。しかしながら、会社の所有者である株主に代わって経営する（プロ）経営者は、その報酬が利益にリンクするインセンティブ・ボーナスやストック・オプションなどの制度が採用されている場合、リスクマネジメントに経費を掛けない方が得なことも考えられます。なぜなら、事故は滅多に起きないのにそれにコストを掛ければ、その分利益が減ってしまうからです。

　次に、会社の財務的な状況から考えてみましょう。スタートアップして間もない会社、あるいは老舗でも含み資産を売り払って資金的余裕ない会社の場合、例えば2,000万円の損害賠償責任が生じると、死活問題になるかもしれません。一方、十分な資産と流動性が確保されている会社の場合、2,000万円の支払いは利益をその分減らしますが、経営の大

勢には影響ありません。そのような会社では、全社的事業ポートフォリオにおけるリスクとコストを比較して保険に加入しない、あるいは一部だけ加入するという意思決定も考えられます。損害額の2,000万円という金額は同じでも、会社によって財務的な影響（経済的効用）は異なるのです。これは、保険加入の動機に大きな影響を与えます。したがって、一般的には財務的に余裕のない会社ほど、保険は必要なのです。（より詳しく学習したい方は、巻末にある参考文献Doherty（2000）の第2章を参照ください。）

3点目として、資本市場においてROEを高めたい場合、分母である自己資本はなるべくスリムな方がよいわけで、万一の際の経営的バッファとして貸借対照表の利益剰余金（借方では現金等の流動資産）を貯め込むとROEは高まりません。投資家が重視する経営指標の一つがROEである以上、余剰資金は持たなくて済む、リスクを合理的に移転する付加保険料の低い保険の活用は有効なヘッジ手段と言えます。

最後に、新規投資について考えてみましょう。魅力的な投資プロジェクトがあっても、事故による損害が発生して損失を内部資金で賄い切れず、資金難に陥っている時には、成長の芽を摘むことになりますが、ない袖は振れません。新たな投資を諦めなければならないかもしれません。実際、経営難に陥る可能性が高いと判断されれば、銀行は融資を断る、あるいは貸してくれても高い金利（リスクプレミアム）を要求することでしょう。このような事態を、過少投資問題と呼びます。保険などでリスクをヘッジしていることをIR活動でしっかりと投資家に伝えること（シグナリング）ができれば、情報の非対称性が小さくなり（リスクプレミアムが下がり）、株価の形成には有利に働くことでしょう。

6.1.3 債権者と顧客等

一方、債権者の考え方は異なります。融資する銀行の立場で考えてみ

ましょう。銀行は個人や企業から集めた資金に一定のスプレッドを載せて企業に貸し出します。その金利は、貸し出している期間は固定です。企業の業績が上向いて利益が増えても受け取る利息が増えるわけではなく、逆に落ち込んでも変わりません。つまり、増える変動リスクがない以上、確実に元利とも返済してもらえる経営を望むわけです。前述したプロジェクトの例では、株主は上向いた場合は株価が上がる（キャピタルゲイン）からリスクのあるプロジェクトを好む傾向があると言いましたが、債権者はそうではありません。商品を納めている取引先も同じです。商品・サービスを購入後にメンテナンスを期待する顧客も、会社の継続性を望むはずです。ましてや、環境問題に取り組むNPO/NGOは、会社の利益には余り関心がないので、万一の際の補償を重視します。

　監督官庁や自治体ならどうでしょうか、読者自身で考えてみてください。ステークホルダーによって、利害が共有、対立することが理解いただけると思います。CFOは限られた経営資源をリスクと機会のバランスを取って、どのように配分するか考えなければなりません。保険はリスクヘッジの一手段であり、投資なのです。

6.1.4　保険のメリット・デメリット

　前節までの議論から得られる保険加入の主なメリットは以下の②と③で、①と④を加えて合計4点あります。

① 保険会社からのサービスによるコストの減少
② 新規資金を調達しなければならない可能性の減少
③ 財政上の困難を経験する可能性の減少
④ 税金支払額の期待値の減少 [19]

　解説すると、①は保険に加入することによって各種のサービスが保険

Part Ⅰ

会社から提供されるので、個別にサービスを購入するよりも総合的に安くなるというものです。例えば、自動車保険に関する交通事故防止講習、火災保険に関する現地調査と防災アドバイス、個人情報漏洩保険に関するファイアウォール診断などが挙げられます。米国では、これらのサービスがブローカーやコンサルタントから有料で提供されていることから、メリットとして挙げられているものです。日本では、サービスが無料で提供される場合もありますので、該当しないケースも考えられます。それよりも重要なのは、賠償責任保険など訴訟に関わる保険では、経験のある保険会社の損害サービス担当者と同分野で実績のある弁護士が担当するということです。企業によって賠償責任事案は、頻繁に起こるものではないので、保険に入っていなかったら慣れない社員に担当させなければならなくなります。また、有能な弁護士を探すことから始めなければなりません。保険会社は、保険金を支払わないに越したことはないので、頑張ってくれるはずです。

④は、保険料が基本的に全額経費として課税所得から控除できるという点です（積立型保険、生命保険は異なる）。米国の書籍を読んでいると、法人税が累進課税なので課税所得を減らす効果は確かに大きいようです。一方、日本の法人税は累進課税ではないので、米国ほどのメリットはないかもしれませんが、支払った付加保険料の一定割合を戻す効果と考えればメリットがあると言えましょう。

一方、デメリットは、以下の2点が考えられます。

① 保険料の支出（特に付加保険料の負担）
② 保険加入による安心感からリスクコントロール努力を怠る傾向

①は保険料の支出です。日本では、生命保険（ひと頃の養老保険など）の影響からか、事故がないと何も戻らないのは損というイメージか

らか、「掛け捨て保険」というグローバルには通用しない言葉が使われることがあります。もっとも、例え適用されている純保険料が自社の期待損失（頻度率×強度率）と見合っていても、保険加入は付加保険料（保険会社の事業費・利益、代理店手数料等）を負担することになります。

②は保険に加入していることから、万一事故があっても保険から支払われるので安心、という誤った認識が従業員に蔓延することです。確かに保険に加入していれば、事故に際して保険金が支払われるかもしれませんが、契約条件・事故状況によっては損失の全額が補てんされるとは限りません。また、仮に金銭面での持ち出しがなかったとしても、操業が停止している期間に競業者に大切な顧客を奪われることも考えられます。リスクファイナンスとリスクコントロールはリスクマネジメントの両輪です。コスト（労力を含む）が便益を上回る場合、リスクコントロールをする努力を怠ることはあってはならないことです。

6.2 保険の活用

ここ10年程、感じていることなのですが、リスクマネジメントは企業の財務に直結しているにもかかわらず、一般的にリスクマネジメントに従事している人は、リスク・コントロール手法については多くを語っても、企業財務への影響には余り触れないようです。保険販売を生業としている人は、どのような場合に保険が適用されるかの説明はしますが、企業財務への影響について説明できる人はどれくらいいるのでしょうか。同様に、企業の財務部門あるいは担当役員の方はどうでしょうか。そこで本稿では、業界を超えた視点で「保険と自家保険の融合」をテーマに、大災害等発生による経営財務への影響、賢い保険の活用法、偶発損失積立金の勧め、を議論してみようと思います。

Part I

6.2.1 大災害等発生による経営財務への影響

　例えば、東日本大震災や阪神淡路大震災のような大地震が発生したら、製造業ならどのような損害を被る可能性があるでしょうか。下記の被害想定を前提に、〔図21〕の損益計算書（右側）及び貸借対照表（左側）を参照して、経営財務への影響について暫し想像してみてください。

＜被害想定＞

　大震災によって一都三県を中心に甚大な被害が出ています。住宅密集地域では火災が発生しており、消火能力の限界から鎮火までにはまだ時間が掛かりそうだとラジオで報道されています。道路は寸断され、救援物資も十分に届かない状況です。自社における人的な被害は幸い小さかったものの、建物・製造装置は半壊状態で、再建・修理の目途は立っていません。原材料・仕掛品・完成品在庫は消滅または破損しており、売り物にはならない状態です。取引先とは長い付き合いで信頼関係があ

〔図21〕

ることから、120日の信用手形による決済です。なお、保有する現金は売上高の約2ヶ月分です。

<財務諸表への影響>

　建物の応急処置・補強工事（あるいは建て替え）、製造装置の修理・交換が必要になります。原材料・仕掛品・完成品在庫は消滅または破損も損害です。これらを直接損害と言います。被害は同地域にあるお客様や販路にも影響が出ていると思われます。在庫はなく、製造もできないので売上高が減少します。製造に関わる変動費（売上原価）は抑えられますが、給与・福利厚生費等の人件費、自動車や機械のリース代などの固定費（販管費）は掛かり続けます。また、臨時に事務所や仮設店舗を借りる場合、家賃が別途掛かります。苦しい資金繰りを解消するために、銀行から借入れを行えば、金利（営業外費用）が発生します。これらは間接損害と言って、事業継続に必要な費用です。実は、火災保険の営業継続費用特約、費用・利益保険などの名称で商品開発されているのですが、まだ普及の余地は有りそうです[20]。なお、銀行融資について付言すると、過去に融資を受けた分の元利（債務）は特別な減免措置がない限り、しっかり残っているので経営を圧迫することになります。

　建物や製造設備などの被害額は、損益計算書の特別損失に計上されます。通常の火災保険では地震が原因である損害は担保されません。地震を担保する火災保険に加入していれば、保険金（特別利益[21]）を受け取れるかもしれませんが、損害額全てを賄えるという保証はありません。当期純利益（薄い網掛け部分）が黒字であれば、左向きの矢印によって貸借対照表（左側）の純資産の部にある利益剰余金が増え、赤字であれば減ることになります。この段階で、純資産に震災の影響が反映されることになります。

　次に貸借対照表の資産の部に目を転じてみましょう。建物や製造設備

に損害が生じて想定した耐用年数を使えないようであれば、資産価値を減損することになります。原材料・仕掛品・完成品在庫が全損であれば、これも同様です。商品を販売した先のお客様が資金繰りに窮して売掛金の回収に支障が出る可能性があれば、貸倒引当金を積む必要に迫られます。売上が立っても入金がない状態です。資産の部にある現預金または換金性の高い有価証券が十分でないと流動性が急激に低下することになり、最悪の場合は連鎖倒産もあり得ます。ちなみに、東京商工リサーチが行った東日本大震災及び阪神淡路大震災を起因とする連鎖倒産の調査によれば、震災発生から3ヵ月〜7ヵ月目に関連倒産が集中して発生しています[22]。

6.2.2 免責金額の設定

事故に備えて何でも保険に加入しておけば安心でしょうが、その分コストが掛かります。リスクマップ上で、発生頻度が低く、かつ財務的なインパクトが小さい場合、分かった上であえて放っておくというのも意思決定の一つです。なぜなら、その方がリスクコストが低いからです。もう一つ考えなければならないことは、想定される事象の相関関係（同時に複数の事象が起きる可能性）です。ここでは、そのような要因を考慮して一定のリスクを保有（許容）することを前提に、売上高、費用、利益について考えてみましょう。〔図22〕を参照ください。

縦全体は売上高（収入）を表しています。事業費（コスト）は、固定費と変動費に分かれます。変動費には想定される保有リスク（コスト）が含まれています。保有するリスクの損害額が想定内であれば、点線から上の保有リスクは小さくなり、事業費は下がります。損害額が想定を超えるようであれば、利益を圧迫します。売上高と事業費の差が税引前利益です。そこから税金等を引くと当期純利益となります。非上場企業は、当期純利益が黒字であれば、基本的に問題はないかと思いますが、

〔図22〕

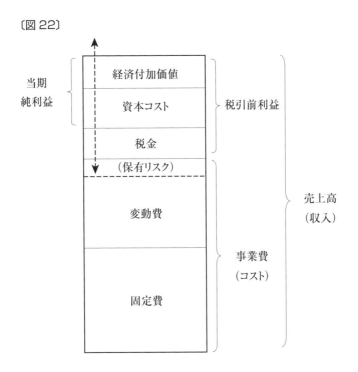

　上場企業の場合は、資本コストを引いた経済付加価値（EVA）で評価する株主もいるので注意が必要です。
　損害保険は、固定的な費用で事故・災害等から企業財務を守るリスク移転手段です。損害保険を活用することによって、図中の縦の点線矢印が上に伸びることによって、つまり変動費が増えて利益を減らし、最悪の場合でも赤字に陥るのを防ぐ効果が期待されます。
　それでは、保有リスクの金額は幾らが妥当なのでしょうか。あるいは、財務諸表の数値との関係ではどう考えればよいでしょうか。結論から言えば、唯一絶対の答えはありません。創業したばかりの企業は一般的に財務的余力が小さいことから、損害額が数百万円でも資金繰りに窮するかもしれません。一方、老舗企業で不動産や現金などの資産を潤沢

に保有していれば、1億円の損害も軽く吸収できるかもしれません。すなわち、業種、流動性、景気、将来の収益見込み、保有資産、銀行との関係、配当政策など会社毎に事情は異なります。仮に同じような業績の企業があったとしても、経営における財務政策（リスクに対する経営者の考え方）に依存するのです。

保険契約が適用される事象が発生した時に、約定した金額以下の損害だった場合には保険金が支払われない契約条件の設定金額のことを「免責金額」（自己負担額）と言います。それでは免責金額の付いた保険契約のメリット・デメリットはどのようなものでしょうか。

メリットは何と言っても保険料の割引です。中小企業向けのパッケージ商品の場合は対応できないこともあるかもしれませんが、保険契約において一定の免責金額を設定すると、保険種目・加入条件によりますが、1～5割程の保険料割引が適用になると思われます。換言すれば、何年間か無事故であれば、年間保険料がまるまる浮く計算になります。副次的には、役員・社員の防災意識が高まり、事故発生頻度の低下、万一発生した場合でも被害を最小限にできる可能性も指摘しておきます。

デメリットは免責金額までは保険金が支払われないことです。問題は損害発生時に損失を吸収できる財務的受容力[23]があるかということになります。免責金額のあるプランを提案すると、顧客の担当者によっては「保険会社は保険金を少しでも払いたくないから客を誤魔化して契約しようとするとのだ」と誤解する人がいるかもしれません（実際、いました）。しかしながら、案件によりますが、少額の免責（保険金支払いなし）は、会社の財務的な受容力の範囲内で設定すれば、万一事故が発生しても経営財務に大きな影響を与えません。なぜなら大きな影響を与えない水準に設定するからです。また、支払の過程に目を向けると、例え少額の支払でも一件当たり損害サービスには人件費というコストが掛か

るので、免責金額を設定すれば、その金額までは事務処理をしなくてよいので、その分のコストが理論的にも節約できるのです。保険料が安くなるのは、魔法でも誤魔化しでもなく理由があるのです。しっかりした保険担当者であれば、自社の火災保険金請求歴や防災活動の実態（リスクコントロール）を把握しているはずです。「過去10年、20年で火災保険金をもらったことはありますか？」と質問してみましょう。ほとんどの会社は火災の経験がないはずです。仮にあったとしても、経営戦略及び財務状況を踏まえて検討すればよいことです。提案する価値はあります。もっとも、単に面倒くさい、上役に相談することそのものが苦痛だと思う担当者、むしろ経営的視点をアピールできると思う担当者…色々いることでしょう。しかしながら、この辺のところを理路整然と説明できれば、免責金額の設定のない単純な保険しか提案できない競合者に比べて、信頼度はグンと高まると思われます。

　ただし、ここで1点注意しなければならないことがあります。それは災害等が生じた時に、影響があるものは必ずしも1つだけではないということです。ある事象が生じた時に、同時に複数の損害が発生するようですと被害が拡大しますので、話が全く違ってきます。そのような検討に役立つのがシナリオプランニングです。

6.2.3　リスクシナリオ

　前節の免責金額の設定は、例えば建物火災の発生によって被る損害を対象にした議論・提案でした。仮に、工場の火災だとしたら建物の中には製造装置（固定資産）があり、仕入れた原材料・部品、製造した製品在庫（流動資産）があることでしょう。建物火災の場合、収納されている製造装置や在庫も被災する可能性があります。商品在庫が被災すれば売るものがなくなるので、得べかりし利益まで失ってしまいます。東日本大震災を思い起こせば、津波による被害でサプライチェーンはズタズ

タになり、BCPの対応に企業間の差が出ました。また、PL訴訟と環境リスクは、何らかの因果関係が生じる可能性があります。一方、工場の火災と個人情報の漏えいは一般的には因果関係は認められません。大地震は大きな損害をもたらす可能性がありますが、地理的に十分離れていれば、同時の被災は免れるかもしれません。また、総務部やリスクマネジメント部門が記録を保存していれば、過去の交通事故や労災事故のデータは蓄積されているはずです。

このようにリスクシナリオの策定にあたっては、過去の事故データ・経験、現在の経営資源の配置（本社、工場、販売拠点、海外の場合はカントリーリスクなど）、モノの動きも考慮する必要があります。更に、世の中の動向・人々の価値観が変化すると法律に影響を与え、それまであまり気にしなくてもよかった事象が大きなリスクへと変化することがあります。例えば、プライバシー保護の価値観の高まりと情報技術の発達で個人情報保護法が成立・改正されています。パワハラ・セクハラ・マタハラなど雇用慣行問題も以前とは比べ物にならないくらい大きな社会的問題として取り上げられるようになりました。対応を誤れば、賠償問題に発展する可能性もあります。特に権利意識の強い訴訟社会である米国やオーストラリアなどで事業展開する企業の場合は留意すべき事項です。また、会社法の改正やアクティビストの存在も今後の企業・役員の在り方に影響を与えることでしょう。これら企業を取り巻く諸変化も考慮して、因果関係で繋がったストーリーをつくって予測するのです。

そこまで考える必要が本当にあるのだろうかとの疑問を持つ方もおられると思いますが、筆者が知る優績者は努力をしています。それを差別化の武器としているのです。保険購買の窓口担当者は、単に保険の更改処理をしているだけとは限りません。CFOあるいはそれに近い存在であれば、社会の動向に気を配り、法律改正の経営への影響度を測り、そのリスクヘッジの方法（ロスコントロールとロスファイナンス）を常に模

索しているはずです。つまり、どこにでもいる一介の保険屋と思われるか、知らない情報あるいはソリューションとなる情報を持ってきてくれるビジネスコンサルタントと認識されるかの違いは大きいのではないでしょうか。当然、後者は尊敬されるので、頭を下げる営業ではなく、担当者と対等にビジネスの話ができます。少し話が逸れましたね、免責金額の設定と経営財務の話に戻しましょう。

6.2.4　偶発損失積立金の勧め

6.2.2 において説明した免責金額を設定した場合、損害が生じれば免責金額を超えなければ保険金は払われません。換言すれば、免責金額までは会社の負担となり財務を圧迫します。変動費における保有リスクを

〔図 23〕純資産の内訳区分

株主資本
資本金
資本剰余金
資本準備金
その他の剰余金
利益剰余金
利益準備金
その他の利益剰余金
任意積立金
偶発損失積立金
繰越利益剰余金
自己株式（減算）
その他の包括利益累計額（連結）
新株予約権
非支配株主持分

Part I

想定される期待損失あるいは前述した財務的な受容力の受け皿を、経営が意思決定して事前に確保しておけば、準備した保険プログラムを有効に機能させることができます。すなわち、免責金額相当額を経営として認識して常に用意しておくのです。例えば、地震などの大災害によって特別損失が発生した場合、当該年度の収益の範囲内を超えると赤字となります。

1年間の経営活動の成果は、損益計算書上に税引後純利益（純損失）で表示されPL訴訟と環境リスクは、何らかの因果関係が推測されます。ともあれ、貸借対照表上の株主資本の利益剰余金という項目に足される（引かれる）ことになります（〔図21〕の矢印部分）。そして、長年事業を行って利益を出していると蓄積され、留保利益として利益剰余金が増えていきます。つまり、内部留保が厚くなっている状態です。

〔図23〕を参照ください。利益剰余金は、「利益準備金」と「その他利益剰余金」に区分されます。前者は、企業が過去に現金配当を行った都度会社法の規定に従って設定するもので、後者は留保利益の残りの部分は繰越利益剰余金となり、任意積立と合わせて「その他利益剰余金」として取り扱われます[24]。筆者はこの「その他利益剰余金」における任意積立金の一つとして「偶発損失積立金」という項目を設けることを提言したいと思っています。これはリスク・ファイナンスの手段として保険を利用した場合、担保されない事故が発生した時や前述した設定された免責金額が年間収益を超えた場合などをカバーするためのもので、言わば危機管理対策ファンドです。それではいくら用意すればよいのでしょうか。これは決まった金額はありません。参考までに、〔表3〕に米国の書籍からの引用（数値）を掲載しておきます。

実際、かなり幅がありますね。取り組む事業と保有すべきリスクは、総合的な財務政策の視点から経営が判断すべき事項です。そして、リスクをコントロールしながら、目標として設定された金額に達するまで積

〔表3〕財務面からみたリスク保有のガイドライン

・運転資金	5～12%
・総資産	1～5%
・税引き前利益	10%
・売上予算	0.5～2%

甲斐・加藤（2004）[25]

み立てを行い、該当する事象が生じた場合は取り崩すことによって危機から企業を救うのです。偶発損失積立金を設定するメリットは、以下の3点です。

1) 外部に資金が流出する配当原資と区別することによって、偶発損失のためのファンドを確保する効果、
2) リスク・コントロール活動を意識することによって、結果的に事故の発生頻度、損害を抑止・努力をする効果、
3) 株主資本の効果的な活用であり、ROEを計算する時の分母（株主資本）が相当額必要であることの説明の一助にもなる、と考えられます。

さて、ここで貸借対照表全体に戻ると、貸方（右側）の偶発損失積立金にいくら数字があっても、借方（左側）において流動性のない遊休不動産や不良在庫などに全て化けてしまっていては、いざと言う時に役に立ちません。現預金や流動性のある株式や債券として紐付けて保有することが必要です。是非、自社あるいは顧客企業の問題として流動性を確認してみてください。

6.2.5　非保険契約によるリスク移転

保険以外の契約によるリスク移転は、保険と競合するサービスであり、リスクコントロールとリスクファイナンシングの2種類があります。前者は、リスク移転者がエクスポージャー（曝されている損失）の

可能性を除去・軽減することによってリスクの譲受人に移転する契約です。後者は、リスク移転者または第三者が被った損失に関して（リスク移転者に代わって）支払い義務をリスク譲受人に負わせることによって経済的負担を移転する契約です。Berthelsen（2006）は、以下を契約例として挙げています[26]。

- 法人設立によるリスク分離（Incorporation）
- 資産の借用権契約（Leasing, Leashold）
- 下請け契約（Contracting for Service, Subcontracting）
- 保証契約（Suretyship and Guaranty Agreement）
- 免責条項による権利放棄（Waivers）
- 賠償責任の上限設定（Limitations of Liability）
- 保証の否認（Disclaimer of Warranties）

｝リスクコントロール

- 責任転嫁条項（Hold-Harmless Agreements）
- リスク譲受人が加入している保険（特約）の利用（Transfer of Risk to the Transferree's Insurer）

｝リスクファイナンシング

　これらは基本的に保険と競合するサービスですが、中には保険が担保していない内容をカバーするものがあり、あるいは当事者の強みとしてアンダーライターより関連するリスク情報を持っている場合もあります。他方、法の管轄権が異なる場合、例えば懲罰的賠償責任の取り扱いなど問題が生じるケースも考えられます。これらは英米法のコモン・ローの下で発達した手法ですので、日本市場においては必ずしも有効ではないかもしれません。しかしながら、グローバル化が進む今日、海外進出する企業、海外の取引先から要求される可能性など、視野に入れておくべき内容です。

　なお、Berthelsen（2006）は、これらを適切に利用するのに影響を与

える要因として以下の3点を挙げています。
　① 　契約条項の法的な強制力
　② 　リスクを管理する当事者の能力
　③ 　リスク移転者が明示的あるいは黙示的に、リスク譲受人に支払うあるいは与える対価またはその他法的な考慮すべき事項

　本稿においてより大切なことは、保険の購買意思決定者にとって、これらはリスク移転の選択肢であり、リスクコストをより下げる可能性があるということです。代替する商品やサービスは、技術進歩や法規制などによって変化します。常日頃から研究しておきたいものです。

Part Ⅰ

第 7 章　有価証券報告書の活用

7.1　なぜ、有価証券報告書なのか？

　有価証券報告書（略して、有報）は、上場会社等が決算から 3 か月以内に提出しなければならない金融商品取引法第 24 条第 1 項に規定される報告書類です。有価証券報告書は、基本的にモノクロ印刷で文字と表でびっしり書かれているので、少し取っ付き難い印象があるかと思います。実は、企業の情報公開する情報は有価証券報告書だけではありません。アニュアルレポート・CSR 報告書・統合報告書・データブックなど様々な情報が任意に企業から提供されています。これらのほとんどはカラー印刷、写真やグラフ、イラストが豊富で、様々な工夫がなされた読み易い内容となっています。それならそちらを読む方がよいのではないか、と思われることでしょう。なぜ、有価証券報告書なのか、それにはいくつかの理由があります。

　有価証券報告書は、法定書類ですので記載すべき事項が決まっています。私たちが有価証券報告書を読む目的は、アプローチ先の企業のリスクを分析することです。何度も述べたところですが、事業にはリスクがつきものであり、事業機会とコインの表裏の関係にあります。成長性を支える事業機会については多くのページを割き、リスクについてはあまり触れたくないというのは人間の性であり、会社も同じようです。実際、任意開示の場合は規定がないので、そのような傾向が見られます。もちろん、先端的な統合報告書を出している企業の中には、ESG やSDGs を意識したリスクとその対策・取り組みまでしっかりと触れているものもありますが、まだ少数派といってよいでしょう。有価証券報告

書には、「事業等のリスク」という項目があるので、量と質のバラツキはあるものの、記載そのものは担保されます。また、会社の「沿革」、「事業の概況」、「対処すべき課題」などを合わせて読み込むことで、会社が抱えるリスクが立体的に浮かび上がってくるのです。

第2の理由は、有価証券報告書は形式が統一されているので、同業他社との比較が容易であるという点です。アニュアルレポートや統合報告書はレイアウト・記載内容は自由ですので、どこにどのような情報があるのか探さなくてはなりません。前述したとおり、任意開示の場合は、書きたくない内容はそもそも記載がないことも考えられます。

第3の理由は、財務諸表部分については、公認会計士または監査法人の監査証明、言わば「お墨付き」がついています。したがって、一応信頼が置けるということです。時系列で5年分のデータが掲載されているので、その推移を辿ることもできます。

第4の理由は、企業のホームページはもとより、「EDINET」にアクセスするだけで、無料で容易に入手できるということです。それでは、上場していない企業をアプローチする場合は、情報がないので役に立たないということかというとそうではありません。実は、自分がアプローチしたい会社が上場企業でなくても、同じセクターに属する類似業種の企業の有価証券報告書を見ると、その業界のビジネスの特質、抱える問題点、リスクが見えてきます。企業規模が違っても、一般的には同じような事業機会とリスクを抱え、財務構造になることが多いので、リスク分析を目的とする限り十分に参考になるのです。

7.2 記載事項と読み方

有価証券報告書は、財務諸表などの定量的情報と企業を取り巻く経済環境、経営戦略と抱える課題など、記述による定性的情報から構成され

Part I

ています。また、時間軸では以下の内容を含んでいます。

過去：過去4年間分の実績を示す財務データ

現在：事業の内容、直近の財務データ、経営陣の現状認識、対処すべき課題、リスク、関係会社の状況、合併・事業譲渡等

将来：研究開発、重要な設備の新設・除却、売却計画、重要な後発事象など

7.2.1　有価証券報告書の構成

有価証券報告書は、第一部企業情報、第二部提出会社の保証会社等の情報および監査報告書からできています。リスクを分析するには、特に第一部企業情報の「企業の概況」「事業の状況」「設備の状況」が重要です。〔表4〕を参照ください。

〔表4〕有価証券報告書の構成

第一部	企業情報	
	第1　企業の概況	主要な経営指標、沿革、事業内容、従業員数、子会社など
	第2　事業の状況	直近1年間の業績、対処すべき課題、事業等のリスクなど
	第3　設備の状況	設備投資に関する記載（提出会社・子会社、セグメント毎）
	第4　提出会社の状況	株式総数、新株予約権等の状況、議決権の状況など
	第5　経理の状況	財務諸表、注記
	第6　提出会社の株式事務の概要	
	第7　提出会社の参考情報	
第二部	提出会社の保証会社等の情報	
	第1　保証会社情報	
	第2　保証会社以外の会社の情報	
	第3　指数等の情報	
監査報告書		

7.2.2　有価証券報告書の入手方法

　有価証券報告書は、インターネットで金融庁の「EDINET」(Electronic Disclosure for Investors' NETwork) にアクセスすることで、閲覧・ダウンロードすることができます。手順は、

　有価証券報告書等の開示書類を閲覧するサイト → 書類検索 → 提出者に社名を入れる → 有価証券報告書にレ点を入れる → 検索をクリック → 最新の有価証券報告書を選択してダウンロードする

です。試しに、知っている会社名を入れて検索してみてください。

7.2.3　有価証券報告書第一部の読み方
（1）　第1　企業の概況

　企業の重要な経営指標が5年分掲載されています。連結とある場合は企業グループ全体です。項目は、売上高・経常利益・当期純利益・純資産額・総資産額・自己資本比率・キャッシュフロー（営業・投資・財務）、従業員数…などです。ここでは、企業の業績トレンドをざっと掴むことができます。続いて、項目別に有価証券報告書の読み方を解説します。

1　主要な経営指標の推移
① 　売上高（企業規模）、経常利益（本業の儲け）、当期純利益を見て、成長している会社なのか、現状維持なのか、低迷・下降しているのか、会社のライフサイクルのどの位置にいるのか推測します。業界全体の状況とマクロ的な景気要因も加味します。連結の場合は、提出会社との差がグループ企業の分です。
② 　次に、純資産・総資産を見てください。当期純利益が出て純資産が増えていれば、成長している会社です。資金需要があれば負債が増えることによって総資産が増える場合もあります。自己資本比率で確認

できます。自己資本比率の水準は業種によって異なりますが、その水準とトレンドを観察することで、当該会社の財務政策を推測することができます。ライフサイクルのどの位置にあるか考えてみましょう。

③ キャッシュフローのパターンを見ることで、経常利益や当期純利益だけでは測れないキャッシュの動きと会社の状況が見えてきます。

2 沿革

④ 沿革は、創立年から始まって、資本金の推移や社債の発行による資金調達、工場や拠点の設立、新商品の販売、海外進出など、会社の辿ってきた歴史が分かります。経営者の考え方や戦略が垣間見える場合もあります。経営戦略や思考法など是非仮説を立ててみてください。

3 事業の内容

⑤ どのような事業を行っているのか、連結する会社、海外展開などを知ることができます。提出会社の中心に連結会社や非連結会社の関連図があるので、それらの関係やモノの流れを大まかに把握することができます。

4 関係会社の状況

⑥ 連結子会社の名称、住所、資本金、主要な事業内容、所有割合、関係内容が示されています。グループの全体像が見えてきます。

5 従業員の状況

⑦ 従業員数、平均年齢、勤続年数、平均年間給与が表示されています。従業員数は企業規模を表しますが、法定外補償や傷害保険、平均年齢は企業の活力の参考指標となります。勤続年数が長い企業は労使関係が安定している、良好な職場環境である可能性が考えられます。

(2) 第2 事業の状況

1 業績等の概要

⑧ 会社を取り巻く環境に関する経営陣の認識、業績に関する説明があ

ります。どのような戦略のもとに、業績はどうであったかが示されます。また、キャッシュフローの状況とその要因が説明されます。生産・受注・販売の状況がセグメント毎に表記されていますので、どの事業が主力であり、どの事業が成長しているのか、衰退しているのか、経営層の眼でそのポートフォリオを観察できます。

2 対処すべき課題

⑨ 対処すべき課題では経営層が認識している課題が提示されます。次の「事業等のリスク」と関連ある項目を含んでいる場合があるので注意深く読むべき箇所です。対処すべき課題を複数年比べてみると、変化していることに気が付くかもしれません。これは悩み、注力している事項、克服すべき課題など経営陣の頭にある事項なのです。私見では結構正直に書いていると思われます。提案する時に盛り込むべきキーワードが探せるかもしれません。

3 事業等のリスク

⑩ 事業等のリスクでは事業の遂行に伴って発生する可能性のあるリスクについて記載があります。会社によってはお座なりな記載のところもありますが、詳細に分析して対策まで記載している会社もあります。投資家としては、事業リスクを開示しているということは、そのリスクを経営として十分に把握して対策を打っているとの期待が持てるはずです。つまり、不確実性が低くなるわけですから、割引率は低く設定できるので理論株価は高くなります。内容的には、業種によって全くリスクは異なります。参考までに、一般的なリスク項目を列挙します。企業は多様なリスクを抱えていることが分かると思います。ポイントは、保険でリスクヘッジできる純粋リスクと経営戦略や市場変動に伴うビジネスリスクを区別することです。

　それでは、実際に記載されている項目を列挙してみましょう。保険会社の引受方針（アンダーライティングルール）によりますが、

Part Ⅰ

　　○印：保険でリスクヘッジができる可能性の高い項目
　　△印：一部保険でリスクヘッジが可能な項目
　　×印：基本的に保険では対応できない項目
を表しています。参考にしてください。

1) 財政状態、経営成績、キャッシュフローの状況の異常な変動
　　　× 事業環境の変化
　　　× 為替レート・金利の変動リスク
　　　△ カントリーリスク
　　　○ 事故・災害等のリスク
　　　○ 製品の欠陥・製造物責任に関するリスク
　　　△ 取引先の信用リスク
　　　× 資産保有リスク
　　　× 会計上の見積に関するリスク
　　　× 研究開発に関するリスク
　　　△ 知的財産に関するリスク
2) 特定の取引先・製品・技術等への依存
　　　× 原材料等の調達先への依存
　　　× 得意先への依存
　　　× 特定製品・技術への依存
3) 特有の法的規制・取引慣行・経営方針
　　　× 法律等の公的規制
　　　△ 取引慣行に係るリスク
　　　× 経営方針・経営判断に関わるリスク
4) ○ 重要な訴訟事件等の発生
5) ○ 役員・大株主・関係会社等に関する重要事項
6) 　 その他

ここで大切なことは、「事業等のリスク」だけでなく、「業績等の概要」や「対処すべき課題」などとの関連性を踏まえて読み込み想像力を働かせることです。例えば、大地震を想定してみましょう。大地震で自社の製造拠点が被災すれば、建物・製造装置が壊れ、製造した完成品・原材料も被害を受けます。サプライチェーンを考えれば、自社が被災しなくてもサプライヤーが被災すれば、原材料や部品が納入されなくなります。また、顧客が被災しても同様に生産を中止せざるを得なくなるかもしれません。実際、東日本大震災では、部品が不足したために被災していない多くの関連会社が生産調整を余儀なくされました。自社の直接的な被害は勿論のこと、サプライチェーンからの影響も財務的には受ける可能性があります。業績等の概要を踏まえて、どのような事業を行って収益（損失）が出ているのか、それはどのようなリスクを包含しているのかを識別・予測する必要があります。更に対処すべき課題を踏まえることによって、経営層と同じ目線で事業を眺め対策を検討できるはずです。もちろん、そのリスクファイナンスの有力な手法が保険です。ここまで来れば、単に自分が売りたい保険を売るだけの営業パーソンから信頼されるリスクコンサルタントに変身していると言えましょう。

4　研究開発活動

⑪　売上高に対する投資割合を見ることで将来に対する姿勢が見えます。また、その分野が記載されていれば、その会社が目指す方向性が見えてきます。

（3）　第3　設備の状況

⑫　設備の状況では、セグメント毎の施設の価値や計画などが掲載されています。火災保険や施設賠償責任保険などの参考になります。また、製造拠点などが集中しているケースでは、地震による被害集中が

懸念されます。

（4） 第4　提出会社の状況
　　省略

（5） 第5　経理の状況
⑬　経理の状況では、財務諸表と注記があります。かなりのページが割かれているので、どこを見ているのか分からなくなることもあるかと思います。その分析方法については、第4章で既に述べましたので、ここでは省略します。

　さあ、どうでしょうか。筆者は某ビジネススクールでリスクマネジメントの授業を担当していているのですが、実際の有価証券報告書を使って演習を行うと理解してもらえるようです。有価証券報告書は取っ付き難い書類ですが、少し読めるようなると結構面白いとの感想をもらっています。

　さあ、「習うより、慣れよ」、騙されたと思ってトライしてみてください。

Part

Part II

第8章　信用リスクと戦略リスク

8.1　信用リスク

　企業は商品やサービスを顧客に販売して、その代金を回収することによって利益を得ます。製造業であれば、原材料・部品を仕入れて、設備投資した製造装置を使って人件費を投じて製品を製造し、販売します。販売価格から製造に要した費用を差し引くと利益（創造した付加価値）となります。販売した代金（債権）が回収できなければ、利益どころか、仕入れた原材料費のみならず投入した資本（設備・人・金…）まで無駄になってしまいます。売掛金の回収問題は、前述したCFOが重視するKPIの全てが関わるものですが、特に第1章で示した上位3件（運転資本、営業キャッシュフロー、流動比率）に大きな影響を及ぼします。なぜなら、売掛債権が回収不能になった場合、その生産に必要な運転資本が無駄になるからです。もし、その案件を受注していなければ、その分の運転資本は必要ないわけです。運転資本を銀行からの借入れで賄っていれば、その元利分が不要なことになります。回収不能（債務不履行）となれば、営業キャッシュフローが減ります。回収できたとしても翌期以降に回るようなら（支払い遅延）、今期のキャッシュがその分減ります。また、原材料・部品の納入業者への債務および銀行等からの資金調達である流動負債はそのままですので、安全性の指標である流動比率は悪化することになります。その結果、自社が資金繰りに窮するようになれば、原材料の納入業者は売掛期間の短縮、与信限度枠の引き下げを行い、早期の支払いを求めてくるかもしれません。また、銀行は融資限度額を減らし、いわゆる貸し剥がしに走ることも考えられます。そう

なると最悪の場合、倒産のように深刻な事態を招く可能性もあります。まさに信用なしには企業経営は成り立たないと言っても過言ではありません。

貸し倒れを未然に防ぐ対策としては、1）財務調査および財務データを分析・解明するための人材の確保、2）個人保証および担保、3）ファクタリング、4）取引信用保険[27]などが考えられます。

1）財務調査および財務データを分析・解明するための人材の確保

財務調査および財務データを分析・解明するための人材の確保は、債権回収率向上の基本です。リスクコントロールの手法としてまずは、顧客先を訪問する営業担当者の教育です。営業担当者は顧客先を訪問するので、取引先の変化にいち早く気が付く可能性のあるポジションにいます。しかしながら、営業担当者には営業目標（ノルマ）があるので、債権管理に責任を持たせないケースでは気が付かないふりをする可能性もあり、そうでなくても取引先の変調に気付くような一人前の営業になるまでには時間を要することもあるでしょう。次に、審査の担当者の専任、審査部署の設置が考えられます。企業規模と取引会社数にもよりますが、設置には人件費等相応のコストが掛かります。これらの対策は必須ですが、もとより予知の完全性を保証するものではありません。

2）個人保証および担保

個人保証および担保を取ることは、特に中小企業を取引先とする場合は広く行われていますが、全債権をカバーするには必ずしも十分でないことが指摘されています。また、中堅以上の企業の場合には、そもそも担保の取得が取引条件とはなっていないケースが多いのではないでしょうか。

3）ファクタリング

ファクタリングは、会社が保有している売掛金（債権）をファクタリング会社に譲渡して、決済日前に手数料を差し引いた金額を受け取り、

取引先(債務者)は期日にファクタリング業者に会社に支払うことになっていた金額を支払うスキームで、主として中小企業が活用する手法です。手数料を差し引かれるので減額されますが、財務的には早期に入金されるのでキャッシュフローは改善され、運転資金を減らす効果がありバランスシートはスリム化されます。また、債務不履行・支払い遅延が発生しても追加的な費用は請求されないので、債権回収リスクを遮断することができます。ファクタリングについては、単発的な防御・解決策に過ぎず、企業はリスクを選択しなければならないことから、対象外の取引においては回収不能となる可能性があること[28]が指摘されています。また、取引先にファクタリングを使っていることが分かってしまうことから、自社(債権者)の資金繰りが厳しい、あるいは取引先(債務者)として信用度が低いと判断されているとのメッセージを送ってしまう可能性も否定できません。

4）取引信用保険

取引信用保険は、個別に引受対象を選択する方法と包括的に引き受ける方法があります。前者は、保険会社にとって逆選択の可能性が高いと判断されれば保険料に反映され、引受けを拒否されることもあります。引受条件によりますが、エクセスロスカバーを設定するなど工夫することによって、保険料を抑えながら損失額を限定できます。〔図24〕を参照してください。

取引信用保険では、保険会社によって与信管理情報を提供する付加サービスを行っている場合があります。そのようなサービスを活用することによって、自社内の管理コストを削減する、あるいは数の多い小口取引先を大口取引先と同じような時間を掛けて管理する代わりに、審査の専門企業にアウトソーシングすることによって費用対効果面で優れる可能性があります。保険会社の引受スタンスによりますが、損害率に応じて保険料率を変動させることができるのであれば、保険料負担（債務

〔図 24〕取引先と債権額のイメージ

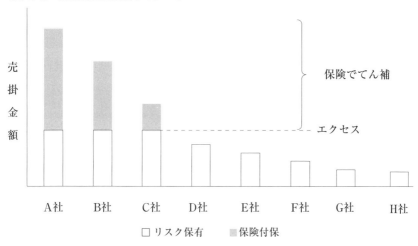

不履行コスト）を平準化するメリットが享受できる可能性があります。また、取引信用保険に加入していることによって銀行の融資条件が良くなる可能性もあります。なお、保険金支払いまでには介入依頼、債務確定待機期間があるので、保険金の支払いは決済期日から1年後程になる点は注意を要します。

8.2　戦略リスク（M&A）

　ビジネスリスクは保険スキームでは取り扱いにくいリスクですが、M&Aに関連する表明保証は数少ない一つです。M&Aは経営戦略を達成する手法として活用され、日本でも国内外の企業を対象としたケースが増えています。M&Aは、垂直型・水平型・製品拡張型・市場拡張型・コングロマリット型に分類されますが、その動機は、①企業存続の確保（生き残り）、②フリー・キャッシュフローの存在、③エージェンシー問題、④経営者の傲慢、⑤標準を上回る利益を得られる可能性[29]

が挙げられています。M&Aは基本的に、A社がB社を吸収・合併した時に、それぞれの企業価値の単純な合計より大きくなる、つまり何らかのシナジーがあることが前提となります。

A・B社（M&A後）＞ A社＋B社（M&A前）

M&Aの実務では、B社を吸収・合併した時に生じるシナジーを可能な限り定量化して計算し、買収価格の上限を弾きます。買い手（A社）は、財務・税務・法務・労務等の様々な観点で買収ターゲット（B社）についてデューディリジェンスを実施し、もしそのなかで問題点が見つかったら、それをM&A取引の契約条件に反映させるべく交渉します。しかし、デューディリジェンスは売り手（B社の株主）から開示された情報を基に限られた時間で行われますので、どんなに頑張ってもおのずと限界があり、完璧ということはないと思われます。ましてや、買収ターゲットが外国にある場合は、法体系も異なり、情報の非対称性は大きいでしょう。そこで、M&A取引の契約書のなかで、潜在債務や偶発債務が存在しないことなど、M&A取引実行の前提となっている状態について売り手から「一筆」取ることが表明保証であり、もし後で表明保証が正確ではなかったことが判明した場合（すなわち表明保証違反があった場合）には、買い手はそれによって被った損害を売り手に対して賠償・補償請求することができる、という仕組みを作ります。表明保証保険とは、売り手による表明保証違反があった場合に、取引契約書に基づいて買い手が売り手に対して賠償・補償請求することができる損害を補償するというものです。それでは表明保証保険は、どのようなケースで活用されるのでしょうか。この保険は、売り手が付保する場合と買い手が付保する場合がありますが、まずは、売主が付保する場合の事例で説明します。〔図25〕を参照ください。

M&A取引の契約交渉過程において、売り手としてはなるべく表明保

〔図25〕売主用表明保証保険の事例
（被買収企業が第三者から損害賠償請求をされた場合）

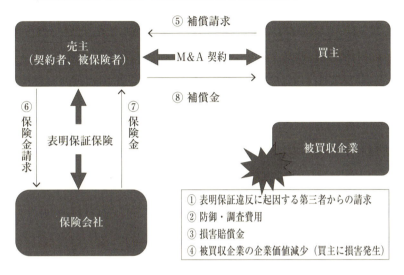

証の範囲を限定し、その賠償・補償額の上限も抑えたいところです。しかしながら、買い手が広範な表明保証を要求し、かつ表明保証違反があった場合の賠償・補償上限額もかなりまとまった金額を要求する場合は、この交渉にかなりの時間と労力を費やすことになります。売り手が一定の表明保証をすることについて同意したものの、賠償・補償上限額で折り合えない場合、例えば、売り手が5億円を提示しているのに対して買い手が25億円まで要求している場合は、この差額の20億円が取引成立の阻害要因になってしまいます。このようなケースでは、売り手はこの差額分の20億円をカバーする表明保証保険を付保することにより、契約上は買い手に対して25億円の金額で合意しつつも、売り手の実際のエクスポージャーを5億円に限定することが可能になります。また、売り手が表明保証違反について損害賠償請求された場合は、弁護士等の専門家に相談しながら対応することになると思いますが、表明保

違反の紛争は複雑なケースになる場合が多いそうですので、かなりの時間と費用がかかると思います。この保険では、そのような専門家の費用も補償します。

　一方、買い手側が保険を付けることもできます。例えば、買い手が売り手の資力に不安を感じている場合、それを補うために保険を付保するケースです。契約上は表明保証違反について売り手に対して請求する権利を確保できたとしても、実際には売り手にその履行能力が期待できない場合、例えば、売り手は多額の負債を抱えており売買代金はその返済に充てられてほとんど手元に残らないというケースに、売り手が支払えなくても保険で回収できるようにするというものです。更に、買い手が売り手から表明保証について十分な条件を引き出すことができなかった場合、それを補うために保険が活用されることがあります。特に、売り手が投資ファンドという案件で保険の照会を受けることがよくあります。一般的に、投資ファンドは投資成果を確定させて投資家へ分配するために、表明保証による長期の偶発債務を負うことに対して強い抵抗を示す傾向があると聞きます。交渉の結果なんとか表明保証を引き出すことには成功したものの、表明保証違反について請求できる期間（一般的に「表明保証の存続期間」）が非常に短かったり、賠償・補償上限額がわずかだったりして、買い手としては不十分だという場合に、保険によってそれを補完するのです。例えば、契約上の表明保証の存続期間は6カ月であるのに対して、保険の上では2年間にするとか、特に時効が長い税金関連の表明保証については5年間にするといったものです。また、賠償・補償上限額についても、契約上は5億円になっているものの、保険では20億円に設定するなど、顧客のニーズに合わせた設計が可能です。ただし、大型案件の場合は、1社ではキャパシティが不足するケースもあるかもしれません。その場合は、複数社で引き受けるということも考えられますが、補完的手段として位置付けた方がよいかもしれません。

第 9 章　オペレーショナルリスク

9.1　個人情報漏洩

9.1.1　個人情報保護法と個人情報漏洩の実態

　個人情報保護法は 2003 年に公布、2005 年に施行され、直近では改正法が 2017 年 5 月から施行されています。その目的は、時代の変化を反映して「高度情報通信社会の進展に伴い個人情報の利用が著しく拡大していることに鑑み、個人情報の適正な取扱いに関し、基本理念及び政府による基本方針の作成その他の個人情報の保護に関する施策の基本とな

〔図 26〕漏洩件数と漏洩人数

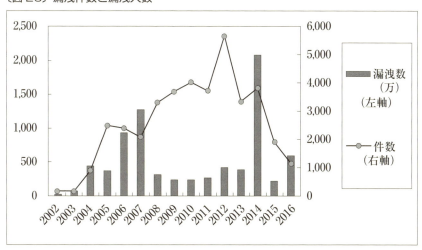

NPO 日本ネットワークセキュリティ協会「2016 年情報セキュリティインシデントに関する調査報告書　〜個人情報漏えい編〜」p.25

る事項を定め、国及び地方公共団体の責務等を明らかにするとともに、個人情報を取り扱う事業者の遵守すべき義務等を定めることにより、個人情報の適正かつ効果的な活用が新たな産業の創出並びに活力ある経済社会、及び豊かな国民生活の実現に資するものであることとその他の個人情報の有用性に配慮しつつ、個人の権利利益を保護すること」としています。

〔図26〕をご覧ください。データはNPO日本ネットワークセキュリティ協会の調査報告によるものです。折れ線グラフは個人情報の漏洩件数で左軸、棒グラフは漏洩人数（単位：万）で右軸です。漏洩件数は、2012年が2,357件と最も多くなっていますが、漏洩人数はそれ程ではありません。2014年は漏洩件数1,591件、漏洩人数は4,999万9,892人と報告されています。後述しますが、漏洩人数の約7割が通信教育B社によるものです。〔図27〕は想定損害賠償総額です。2007年は約2兆2,711億円、2014年は約1兆6,642億円と報告されています。原因については、内部犯罪・内部不正行為とそれ以外（外部）で統計がとられています。年によってばらつきがあるものの、総じてそれ以外が多くなっています。経路別には、USB等可搬記録媒体が減っているのに対して、サイバー攻撃などインターネット経由による情報漏洩が増える傾向にあります。

対策としては、技術的な対策と倫理・行動に関する教育が考えられます。しかしながら、オペレーションには人間が関与する以上、完璧はあり得ません。また、外部からの攻撃も手を替え品を替え行われています。詳しくは、NPO日本ネットワークセキュリティ協会のホームページをご覧ください。

続いて見舞金相場に影響を与えた2件の判例および顧客を失い財務的に大きな影響を受けた通信教育B社のケースを確認してみましょう。

〔図27〕想定損害賠償総額　単位：億円

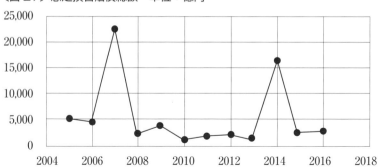

NPO日本ネットワークセキュリティ協会「2016年情報セキュリティインシデントに関する調査報告書　〜個人情報漏えい編〜」p.30

（1）　インターネットプロバイダーの事例

　2004年1月に個人情報の漏洩が発覚したY社会員の個人情報は約451.7万件で、その内容は氏名・住所・電話番号等で、クレジットカード番号や銀行口座、パスワードなどの信用情報は含まれていなかったと報道されています。本件は2件の恐喝未遂事件がほぼ同時期に発覚したものですが、原因の1つ目は派遣された社員のユーザーIDとパスワードが退職後も有効だったため悪用されたことによります。まさにデータベースへのアクセス権限者が多数いたことおよびパスワード管理の問題が指摘された事件です。2つ目はUSBコネクタが利用可能だったため大量の情報が容易にコピーされ持ち出されたことです。

　事件発覚後の会員に対する対策としては、現会員には情報が漏洩したかどうか結果をメールで伝えました。また、会員全員（解約または無料キャンペーン中のユーザーを含む）に500円の金券を送付し、不安な場合はメールアドレスを無料で変更できるようにしました。なお、見舞金として金券を送付した他の事例としては、コンビニA社（500円の商品券）およびコンビニB社（1,000円のプリペイドカード）があります。

（2） エステティックサロン事件

2002年5月、エステティックサロンT社が管理していた約5万人の顧客・アンケート協力者の個人情報がネット上に流出したケースです。流出した内容は、住所・氏名・電話番号・問い合わせた内容および第三者に知られたくない個人的な体の悩み等のセンシティブ情報を含んでいました。原因はコンピューターを移設した際にセキュリティ設定をミスしたというもので、技術的・人為的ミスと言えます。その結果、いたずら電話やメール、各種勧誘など二次被害が発生したと報道されています。

2007年2月8日、東京地裁は「情報保護のために安全対策を講じる法的義務を怠り、プライバシーを侵害した」として17,000円（1人）、30,000円（13人）の慰謝料および5,000円の弁護士費用を加算した支払いを命じました[30]。

9.1.2 通信教育B社

（1） 事件の概要

2014年6月頃からB社の顧客に他社からダイレクトメールが届くようになり、個人情報が漏洩しているのではないかという問い合わせが急増。社内調査の結果、約3,504万人分のデータが外部に持ち出され名簿業者に売却されていたことが判明した事件です。B社のグループ企業に勤務していた派遣社員のエンジニアが生活に困ってやったことを自供、逮捕されました。その結果、B社は信用を失墜し会員数は減少、平成26年度および27年度決算は赤字に転落しました。

（2） 財務への影響

〔表5〕、B社の損益計算書（連結）をご覧ください。事件が発生した翌年、平成26年度決算では特別損失の情報セキュリティ費用として260億3,900万円、事業構造改善費用として希望退職の退職加算金等で

〔表5〕B社の損益計算書（連結）

	平成24年度	平成25年度	平成26年度
売上高	450,182	466,399	463,264
売上原価	228,921	243,217	258,707
売上総利益	221,261	223,182	204,557
販売費および一般管理費	183,146	187,371	175,290
営業利益	38,145	35,830	29,227
営業外収益	3,451	2,481	1,794
営業外費用	2,601	3,095	4,182
経常利益	38,995	35,216	26,838
特別利益	273	1,998	327
特別損失	1,023	4,306	30,642
事業構造改善費用			2,315
情報セキュリティ対策費	0	0	26,039
法人税等	16,614	12,536	6,474
当期純利益	21,147	19,930	-10,705

有価証券報告書から筆者が抜粋作成

23億1,000万円を計上し、当期純利益107億500万円の赤字に転落しています。ちなみに、翌年度の当期純利益も82億1,000万円の赤字を記録しています。情報セキュリティ対策費の内訳は、お客様へのお詫び費用200億円、お客様へのお詫び文書の発送費用、お客様からのお問合せ対応費用、個人情報漏洩に対する調査・情報セキュリティ対策等に係る費用60億3,900万円、合計260億3,900万円です。個人情報漏洩保険に加入していれば、お詫び費用（見舞金）やコールセンターの設置費用などかなりの費用が対象になると思われますが、筆者が開示されている資料を見た限り、個人情報漏洩保険からの保険金の支払いは確認できませんでした。もっとも、損失が260億円を超えるようであれば、例え個人情報漏洩保険に加入していたとしても焼け石に水ですが…。

次に、〔表6〕をご覧ください。本格的に事件の対応を行う平成26年

Part Ⅱ

〔表6〕

	平成24年度	平成25年度	平成26年度
資産の部			
流動資産の部	248,663	262,799	251,278
現金及び預金	72,464	79,726	104,541
有価証券	57,491	51,279	24,313
固定資産の部	211,595	224,815	239,676
リース資産（純額）	19,893	28,008	43,317
資産合計	460,259	487,594	490,954

有価証券報告書から筆者が抜粋作成

度は、借方の現金保有高は前年から248億円程増やして1,045億4,100万円となっています。

　一方、〔表7〕を参照ください。貸方では注記と併せて読むと、約250億円の長期債務を1年以内に返済して、平成27年度には4年超5年以内190億円、5年超138億円、合計378億円の長期借入金が報告されています。恐らく銀行の協力を得て、借入金を増額して長期に借り換えて当面の資金を確保したことが推測されます。純資産の部に目を移すと、長年貯めてきた利益剰余金は、平成25年度1,936億7,900万円から1,739億2,000万円に減少していることが確認できます。子会社の派遣社員による情報漏洩が、長年築いてきた信用を揺るがし、希望退職者を募る事態に陥り、財務的にも会社に甚大な損害を与えたのです。

　この事件の後、あるIT企業から個人情報漏洩保険に関する引き合いがありました。照会理由を聞いてみると、某損害保険会社に10億円限度の保険に加入しているが、不安なのでもっと高額な保険に入り直したいとの要望でした。さすがに、引受限度額の問題がありますので、その契約を一旦解約してもらい、筆者の勤務していた会社がプライマリーになり、セカンダリーとして再契約することによって合算で保険金額を増やしたことがあります。保険約款が異なる場合は約款のすり合わせが必

要ですが、一つのソリューションです。

〔表7〕

平成	24年度	25年度	26年度	27年度
負債の部	252,780	272,484	293,062	295,660
流動負債	157,291	172,943	187,296	145,681
1年以内返済予定	250	6,250	25,033	9
固定負債	95,488	99,541	105,766	149,979
長期借入金	31,250	25,000	5,014	37,805
純資産の部	207,479	215,100	197,892	179,266
株主資本	207,886	214,907	195,146	177,915
利益剰余金	182,935	193,679	173,920	156,571
負債純資産合計	460,259	487,594	490,954	474,926

9.1.3　サイバー攻撃

　9.1.1では個人情報漏洩の実態について述べましたが、情報漏洩全般を対象として流出経路・流出原因に目を向けると、技術的あるいは設定ミスによるもののほかに、従業員・元従業員（アウトソーシング先を含む）による金銭目的や意趣返しによる内部犯行が挙げられます。そして現在、大きな脅威と捉えられているのが外部からの「サイバー攻撃」です。サイバーセキュリティの専門家である鎌田敬介氏によれば、サイバー攻撃の目的は、愉快犯、金銭目的、企業・国家機密の取得まであり、奪取された資金の中にはテロリストや反社会的活動の資金源になっているとの話もあるようです。実際に発生する被害のほとんどは「情報漏洩」か「サービス・業務停止」[31]です。情報漏洩においては、顧客の個人情報ばかりではなく、会社幹部や政治家の情報、M&Aなど投資に関わる情報、新製品・技術情報、知的財産として価値の高い学術データ、各種の社内文書など様々な情報がサイバー攻撃のターゲットになっているのです。また、サービス・業務停止では、集中アクセスによって

通常の顧客がアクセスできないように妨害、データを消失して業務停止に追い込むなどが報告されています。これらはレピュテーションリスクや機会損失リスクをはらんでおり、例えばM&A投資に関する秘密交渉内容が漏洩した場合、その被害額は計り知れないものがあります。

　サイバー攻撃の技術的な側面は専門書及び各種ガイドラインに譲るとして、対策としては平時からの情報収集と他の組織との情報共有（協力関係）、定期的な従業員研修、セキュリティ人材の育成などが挙げられています。詰まるところ、セキュリティ（RM）が尊重される組織文化が重要と考えられます。しかしながら、いくらコストを掛けて最新システムを導入して堅固な体制を構築しても（したつもりでも）、完璧ということはありません。なぜなら、使用しているシステムのソフトやハードに脆弱性がある日突然見つかることがあり、新たな攻撃手法も開発されているからです。イタチごっこの様相は否定できないのです。したがって、インシデント発生時の危機管理体制の構築は欠かせません。また、リスクファイナンスの手段として保険が必要なのです。サイバー攻撃に関する保険は損保各社によって開発され、主に損害賠償・各種費用・利益補償で構成されています。補償内容は会社によって異なるようです（括弧内は、執筆時点での参考情報）。

①損害賠償（賠償金・争訟費用、海外訴訟提起担保の有無）
②各種費用（システム等復旧費用・再発防止実施費用・危機管理対応費用・営業継続費用・見舞金等）
③利益補償（利益損害）

9.2　ハラスメント

　ハラスメントは嫌がらせや相手を不快にさせる行動のことです。例え、親しさの表れであっても、意図しなくとも、受け取る側が不快に感

じればハラスメントとなります。その代表格はセクシャルハラスメント（セクハラ）とパワーハラスメント（パワハラ）だと思われますので、本稿ではこれらを取り上げます。セクハラには環境型と対価型があることはご存知の方も多いと思います。セクハラは、以前は男性が女性に対して行うものと思われていましたが、現在では性別は問うていません（もちろん、女性が被害者になる方が圧倒的に多いと思われますが）。その他職場で考えらえるハラスメントとしては、マタニティーハラスメント（マタハラ）、ジェンダーハラスメント（ジェンダーハラ）、モラルハラスメント（モラハラ）、セカンドハラスメント（セカハラ）…興味のある方は調べてみてください。就業中はもちろんのこと、場合によってはオフタイムでも、ハラスメントだと認識されれば、加害者本人は不法行為、会社は使用者責任などを問われる可能性があります。

9.2.1 セクハラ

これまで日本ではあまり表面化して来なかったセクハラも、米国における「Me too 運動」の高まりを受けて今後広がってくることが予想されます。また、ブラック企業・過労死は労務問題のキーワードとなっています。これらに共通するものは、人々の権利意識の高まりです。本稿で取り上げるのは、建物総合管理会社のケースで、代表取締役が従業員からのセクハラ被害の申し立てに対して十分な調査も適切な措置もとらなかったことにつき、その責任が認められた事例[32]です。

（1） 事案の概要

原告によれば、上司である業務責任者の被告Bは原告の腰や臀部を触ったり、自己の太股を原告の太股に密着させたり、抱き着くなどを行ったとして、A会社と被告Bをセクハラで訴えた事件です。責任を問われた内容は、被告Bのセクハラによる不法行為と使用者責任、代表者が社内でのセクハラを放置した不作為責任で、請求額は会社と被告

Bに対して約910万円、被告Bに対して約360万円でした。なぜ、会社の責任が問われたかといえば、原告がジョブコーチに被告Bからのセクハラ行為を訴え、ジョブコーチは統括責任者にその旨を報告したにもかかわらず、適切な措置をとらなかったからです。原告は、暫く勤務を続けた後に自殺を図って入院、その後休職扱いとなり退社、提訴に至った案件です。

（2）判　決

判決は、勤務時間中のセクハラ行為を認めるのが相当とし、報告を受けた統括責任者は簡単な事情聴取をしただけで、被告Bにセクハラと誤解を受けるような行為をしないように注意するにとどまったと判断されました。その結果、会社に対して88万円（被告Bと55万円の限度で連帯）、被告Bに55万円の支払いを命じました。

ところで、セクハラかどうかの判断は難しいものがあります。判例をもとにした事例は誰が見ても黒と考えるケースが多いようです。しかし、ビジネスの現場で困っているのは、グレーゾーンの判断です。鈴木瑞穂氏は『現場で役立つ！セクハラ・パワハラと言わせない部下指導　グレーゾーンのさばき方』日経新聞出版社の中で以下の①〜③を挙げています。参考にしてください。

合理性・妥当性の判断基準（セクハラ）

① 過去の認定事例との類似性
② 現代の常識（男女平等思想等）に反していないか
③ 組織の伝統、文化、社是…

つまり、①裁判などの認定事例は議論の余地がないのでしっかりと抑えるが、人々の価値観は変化するので、②で世の中の動きを見る、そして同じ行為を行っても組織の文化や伝統、社是など、被害者・加害者が属する組織によって判断が分かれます。③については個別ですので、絶対的な基準はありません。これらを総合して判断すべきと主張していま

す。

9.2.2　パワハラ
（1）　パワハラの定義等
　パワーハラスメント（以下、パワハラ）という言葉は、岡田康子氏が2003年に上梓した『許すな！パワー・ハラスメント』から社会に広まったと言われています。それでは、パワハラの定義はどうなっているのでしょうか。

　職場のパワーハラスメントとは、同じ職場で働く者に対して、職務上の地位や人間関係などの<u>職場内での優位性</u>を背景に、<u>業務の適正な範囲</u>を超えて、精神的・身体的苦痛を与える又は職場環境を悪化させる行為を言います。

　ポイントは下線を引いた部分です。職場での優位性とは、上司から部下へのいじめ・嫌がらせを指して使われる場合が多いですが、先輩・後輩間や同僚間、更には部下から上司に対して行われるものもあります。また、職務上の地位に限らず、人間関係や専門知識、経験などの様々な優位性が含まれます。業務の適正な範囲とは、業務上の必要な指示や注意・指導を不満に感じたりする場合でも、業務上の適正な範囲で行われている場合には、パワーハラスメントには当たりません。例えば、上司は自らの職位・職能に応じて権限を発揮し、業務上の指揮監督や教育指導を行い、上司としての役割を遂行することが求められます。職場のパワーハラスメント対策は、そのような上司の適正な指導を妨げるものではなく、各職場で何が業務の適正な範囲で、何がそうでないのか、その範囲を明確にする取組みを行うことによって、適正な指導をサポートするものでなければなりません（以上、厚生労働省のホームページより）。

　具体的には、以下のような類型があります。
　　①　暴言などの「精神的な攻撃」

② 無視などの「人間関係からの切り離し」
③ 実行不可能な仕事の強要などの「過大な要求」
④ 能力と懸け離れた難易度の低い仕事を命じるなどの「過小な要求」
⑤ 私的なことに過度に立ち入る「個の侵害」

経営者、管理職がどんなに気を付けていても、ハラスメントや差別行為は発生する可能性はあります。また、実際には何もしていなくても、上司や同僚を貶めるためにパワハラ被害にあったと主張する輩、お金目的で訴えを起こすケースもあると聞きます。

（2） 雇用慣行賠償責任保険

雇用慣行賠償責任保険（特約を含む）が補償する対象は「不当行為」です。これは、従業員を守るべき会社側が、社員を精神的に傷つけたり、肉体的な影響が出るような働かせ方をしたり、差別をしたりすることを指します。具体的には、セクハラ・パワハラ、不当解雇、差別的行為、人格権侵害、年齢差別、宗教差別、昇給昇格などに関わる不当な評価など多様です。故意、無意識かはともかく、これらの行為は職場環境に悪影響を与えるものであり、このような事案が発生しないように常日頃から各階層に対して指導・教育するべきであることは議論の余地がありません。万一、発生してしまった場合、あるいは言い掛かり対策としても雇用慣行賠償責任保険は役に立つ保険です。それというのも個々の会社は顧問弁護士と契約していても、その弁護士が雇用慣行訴訟に強いという保証はありません。保険会社は訴訟分野毎に専門の弁護士を用意しているからです。

雇用慣行賠償責任保険は、従業員、元従業員、就職候補者から会社が訴えられた場合に弁護費用、賠償責任をカバーする目的で開発された保険で、単体および特約として提供されています。日本における雇用慣行訴訟は、訴訟大国である米国に比べると1桁2桁賠償金額は低いと言われていますが、会社のレピュテーションリスクもあります。従業員の

権利意識の高まりはリスクの高まりを意味します。特に、女性や外国人の多い職場を持つ企業に案内したい保険です。

Part II

第10章 イベントリスク

10.1 火　災

　事業に大きな影響を与え、かつ話題となったアスクル（株）（以下、アスクル）の物流センター火災事故について、同社の第54期有価証券報告書を読んで考えてみましょう。アスクルはオフィス文具通販（BtoB）の草分け的存在で、オフィスに必要なあらゆるものをインターネット経由で簡単に注文でき、翌日には届く便利さから業績を伸ばしてきました。進出した個人向けのLOHACO（BtoC）も好調で、火災事故の起きた埼玉県入間郡三芳町にある物流センターは、その主力の最新設備を備えた物流センターでした。売上高は火災事故の影響で大きな影響

〔表8〕

単位：百万円	平成27年度	平成28年度
売上高	288,365	306,099
売上原価	221,617	233,362
売上総利益	66,748	72,736
販売費および一般管理費	58,802	64,154
営業利益	7,940	8,582
営業外収益	549	762
営業外費用	389	391
経常利益	8,101	8,954
特別利益	1,788	4,941
特別損失	1,765	11,318
法人税等	2,700	586
当期純利益	5,423	1,990

第54期有価証券報告書より筆者が抜粋作成

を受け減速したと報告していますが、BtoC の伸びと非常時の社員総出の出荷対応の努力等もあり、18.8％の増収を確保したと述べています。〔表8〕をご覧ください。

売上高は火災事故があったにもかかわらず、BtoB ビジネスの伸びと社員の頑張りで対前年 6.1％の増収を達成しています。また、営業利益も 8.1％増えています。販売費及び一般管理費は、売上高の拡大に伴う通常掛かる物流費等の増加に加え、火災発生後の費用の増加が影響した…売上高販管費率は、前期比で 0.6 ポイント上昇し 20.2％となりました、と報告しています。

火災事故を起こしてしまった事実からすると、リスクの予防措置（リスクコントロール）が十分であったのかという疑問は残りますが、事後の回復・危機対応は見事だったと思われます。火災損失として 112 億 6,200 万円を特別損失として計上（詳細は下記参照）、保険金 49 億 2,900 万円受領したことから、最終赤字は回避することができたと報告しています。

火災損失
損害を受けた資産の主なものは、建物等の有形固定資産、および商品等のたな卸資産。

資産の原状回復費等の引当金繰入額	7,960 百万円
固定資産やたな卸資産の滅失損	2,890
その他関連費用	410
合計	11,262

保険の契約内容に関する詳細な開示はないので推測するしかありませんが、火災保険が一部保険だったか、たな卸資産（動産）は保険に加入していなかった等の可能性が考えられます。アスクルの規模（財務内

容）であれば、リスクの全てを保険でヘッジする必要もないと思われますが、仮に保険に全く加入していなかったとすれば、税引前当期純利益25億7,700万円から受け取り保険金49億2,900万円を引くと、23億5,000万円程（税引前当期純利益）の赤字に転落していたと考えられます。万一そのような事態に陥れば、上場企業として株主への説明責任が求められ、経営責任が問われる事態になりかねなかった事故です。同社は目標とする経営指標にROEを挙げており、火災損失を112億5,000万円計上した影響で、前連結会計年度の9.4％から2.1％となりましたと報告しています。火災保険が企業のリスクファイナンスに貢献した好例と言えるでしょう。

10.2 大地震

2011年3月11日に発生した東日本大震災は、日本の経済界に甚大な被害をもたらしました。東京商工リサーチの調査によれば、東日本大震災関連の特別損失を計上した上場企業は1,356社で、全上場企業の約4割を占め、その特別損失の合計額は4兆703億円に達しました[33]。また、被災対象を中小企業まで広げると、震災から約7年が経過した2018年2月28日現在、倒産件数の累計は1,857件、2017年も月平均5.9件の倒産が発生しているとのことです。被害パターン別には、工場や事務所などの施設・設備等が損壊した「直接型」が9.4％なのに対し、取引先・仕入先の被災による販路縮小や受注キャンセルなどによる「間接型」が90.5％を占めています。大地震は何十年何百年に一回という頻度で発生するもので、一度起きると前述したように極めて大きな被害をもたらします。地震は、第2章の〔図8〕で示したリスクマップの第Ⅱ象限に位置します。日本列島は4つのプレート上に乗っているので、いつどこで起きても不思議はないと言われており、特に東南海地震と首都圏

直下型地震は注目を集めています。これは裏を返せば、大地震が発生する場所と日時、そして規模が最新の科学をもってしても特定できないということです。

そのような属性がある大地震に対してリスクファイナンスはどのような対策がとれるでしょうか。地震保険（火災保険）、CATボンド（大災害債券）、コミットメントライン、自家保険、キャプティブ（キャプティブ再保険会社）などそれぞれメリット・デメリットがあり、また、業種によって施設・設備を多く持つ企業と、そうではない企業とではエクスポージャーが全く異なります。同じ業界でも企業によって財務的状況は多様です。そして何より、経営陣のリスクに対する認識によって対策方針は異なるでしょう。つまり、唯一無二の方法は存在しないと考えられます。しかしながら、それらの施策を比較する意義はあると思われます。保険をビジネスとする方にとっては、競合商品の研究としての意味合いがあるからです。

〔表9〕を参照ください。縦軸に対策としての商品・サービス、横軸に商品・サービスへの利便性（アクセス）、商品サービスを入手するのに必要なコスト、提供される金額（想定される損害に対する割合）、対策の意思決定後から必要な補償額が得られるまでの時間で比較してみましょう。ただし、この比較は一般的な情報を基にしたものであり、個別には異なる条件が提供される可能性があることを予め断っておきます。

〔表9〕

	利便性	コスト	金額	時間
地震保険	○	△	△	○
CATボンド	×	△	△	△
コミットメントライン	△	△	△	△
自家保険	◎	△	×	×
キャプティブ	△	○	△	△

◎：大変良い、○：良い、△：やや悪い、×：悪い

Part Ⅱ

図中の評価（◎、○、△、×印）は筆者の主観ですので、参考情報として捉えてください。それでは、CATボンドから始めましょう。

　CATボンドは、大地震や超大型台風など50年から100年に一度起きるか起きないかという発生頻度が低い、かつ高損害をもたらすカタストロフィ（以下、CAT）をカバーするための仕組みで、証券化とオプションで組成されます。投資家の選好にマッチするように、リスクを小口化して買い易いように（リスクを分散）することで、引受キャパシティを拡大しています。実損てん補型に加えて、客観的な条件をトリガーとするCATボンドも発行されています。後者は、損害査定実務が簡素に済むため支払いの即時性が期待できます。また、複数年にわたる契約が可能なため発行コストを抑えられる可能性があります。一方、一定の規模が必要と思われ、どの企業でもが利用できる仕組みとは言えません。

　コミットメントラインは、銀行が大企業向けに提供するサービスで、事前に約定した金額までは個別の融資審査なしに融資を受ける権利を確保するものです。したがって、サービスを利用できる対象企業は限られ、契約を維持するために費用が掛かります。融資上限額は約定次第です。最大の問題は一般的に契約書には「不可抗力条項」が入っていることです。不可抗力条項とは地震、津波、戦争など契約当事者の合理的な支配を超えた事象が発生し、債務の履行ができない、または債務の履行が遅延した場合に、債務者が債務不履行責任や履行遅滞責任を負わない旨などを定める条項です。したがって、契約における用語の定義で地震・津波を免責としているなら、大地震が発生して資金繰りが必要な時に役に立たない可能性があることです。

　自家保険は経営が意思決定すればいつでも始められます。しかしながら、利益が出なければ積み立てて行くことはできないでしょうし、他の案件で資金が必要な時には取り崩される可能性がある以上、安定的なリスクヘッジ手段とは言えません。税法上、地震リスクは要件を満たさな

いため、無税での積み立て引当てはできません。税引き後の利益を積み立てるということになります。したがって、必要な金額を積み立てるには時間が掛かるので、いつ何時発生するか分からない大地震の対策としては疑問が残ります。会社個別の流動性や資産保有上状況等を勘案して意思決定すべき手法です。なお、引当金については、PartⅢを参照してください。

　キャプティブは保険会社から地震保険を購入し、その一部または全部を自社またはグループ会社が所有するキャプティブ再保険会社に再保険という形でリスクを移転し、リスクを保有する手法です。詳しくは第12章を参照ください。キャプティブは元受保険会社の協力がなければ成立しない仕組みであり、専門のコンサルタントのコンサルティングサービスを受けて作り上げるスキームですので、通常半年以上の時間とコンサルテーションフィーが掛かります。また、キャプティブ再保険会社の設立費用に加え、毎年維持費が固定費として発生します。したがって、一定の規模がないとペイしません。地震保険に加入した保険料は、基本的に全額損金処理できますが、再保険会社は移転されたリスクを保有します。したがって、運よく地震が発生しないで利益が出るとしても、資金が十分に貯まるまで時間が掛かります。ただし、再々保険の手配ができれば、リスクを他の再保険会社に移転できるので即効性が出てきます。すべては条件次第です。なお、キャプティブを使う対策は、将来的に税制が変更された場合、影響を受ける可能性があります。

　地震保険（火災保険）は、他の対策と比べるとバランスの取れた手法と思われます。保険代理店、保険会社の直販社員、保険ブローカーへのアクセスは問題がないと思いますが、保険会社の引受キャパシティーの制約から必ず加入できるとは限りません。基本的に火災保険の半分までの引受金額ですので、被災時に十分な資金が確保されるとも限りません。また、地震保険料は損金処理できますが、火災保険の料率に比べて

Part Ⅱ

割高との声を聞きます。自社のビジネス特性、財務状況等を考慮して検討すべきと考えます。

ケース：ルネサンスエレクトロニクス

本稿では東日本大震災における特別損失額が7番目に大きいと報道されているルネサンスエレクトロニクス（株）の有価証券報告書および適時開示を取り上げたいと思います[34]。〔表10〕を参照ください。左表が損益計算書、右表が特別損失（災害による損失）の内訳です。

左側の表（損益計算書）をご覧ください。特別損失の災害による損失欄では、大震災の発生した平成22年度には約495億円、平成23年度には127.6億円を計上しています。その内訳（右側の表）は、固定資産の修繕費、たな卸資産廃毀損、固定資産の廃毀損、操業休止の固定費、リース解約損失が開示されています。最後のリース解約損失とは、リースで借りていた物件が、地震が原因で滅失・毀損した場合、標準的な「リース契約」では賃借人（乙）の負担とすることになっているので、約定されている損害賠償金を支払って解約したものと推測されます。これは1企業の事例に過ぎませんが、どのような項目で損害が生じるか、BCP（Part Ⅲを参照）を検討する上で参考になると思います。平成22年度と23年度に限ってみると、その損害合計額は622.6億円であり、受け取る予定の保険金160億円は25.7％に相当します。読者の中には保険の手当てが十分ではないとの感想を持つ方もおられるかと思いますが、ルネサンスエレクトロニクスは大企業であり、相応にリスクマネジメントは行っていたと思われます。8か所の工場が操業停止に追い込まれましたが、6月には生産を再開しています。大災害が発生した場合は、政府から各種の補助金の給付や保証付きのつなぎ融資等の支援策が実施されると思いますが、不足する分はいわゆる内部留保を切り崩し、それで足りない場合は銀行から融資を受けることで復興を果たすことになりま

第 10 章　イベントリスク

〔表 10〕ルネサンスエレクトロニクス（株）

単位：百万円

	平成 22 年度	平成 23 年度
売上高	1,137,898	883,112
売上原価	745,927	607,334
売上総利益	391,971	275,778
販売費及び一般管理費	377,447	332,528
営業利益	14,524	−56,750
営業外収益	3,645	6,976
営業外費用	17,136	11,454
経常利益	1,033	−61,228
特別利益	6,329	21,342
特別損失	118,162	19,714
災害による損失	49,504	12,760
法人税等	2,056	1,691
当期純利益	−115,023	−62,600

	平成 22 年度	平成 23 年度
固定資産の修繕費	43,116	177
たな卸資産廃毀損	7,283	620
固定資産の廃毀損	6,187	590
操業休止の固定費	5,919	10,711
リース解約損失	2,987	101
その他	12	561
小計	65,504	12,760
未収受取保険金	−16,000	
合計	49,504	12,760

有価証券報告書および適時開示から筆者作成

す。ルネサンスエレクトロニクスの貸借対照表を見ると、借入金（長短）はそれ程増えていませんが、資本金と資本剰余金の合計の範囲内で利益剰余金の減少（マイナスの増加）によって対応していることが分かります。興味のある方は、有価証券報告書をご覧ください。

　ここで会計と税務について少し解説しましょう。建物などに損害が生じたことにより保険金を受け取った場合、保険金は益金、損害額は損金に算入します。支払われた保険金が、損害があった建物などの帳簿価額と同額以下であれば課税されませんが、上回る場合は課税されます。仕分けでは雑収入が一般的ですが、大きな保険金の場合は、損益計算書の営業外収益に受取保険金と表記されます。事業用固定資産の保険金等に対しては課税の繰り延べ（圧縮記帳）ができます。一方、商品などのたな卸資産や休業損失に対する保険金には適用できないので注意が必要で

す。税務については、変更があり得ますので最新の書籍等で確認してください。

10.3 異物混入

異物混入事件と言えば、古くは1984年から85年にかけて発生したグリコ・森永事件、2008年に発生した中国製毒入りギョーザ事件、2014年のペヤングソース焼きそば虫の死骸混入事件、その他スーパーマーケットでの針混入など多くの事件が発生しています。本稿ではアクリフーズ農薬混入事件を取り上げたいと思います。

ケース：アクリフーズ

この事件は、2013年12月、マルハニチログループ傘下の株式会社アクリフーズ群馬工場の商品から農薬マラチオンが検出されたもので、人為的に混入されたケースとみられ、その後の対応も含めて社会を揺るがす事態となった事件です。アクリフーズ群馬工場は、マルハニチロホールディング（現マルハニチロ）傘下のマルハニチロ食品の子会社で冷凍ピザ等の食品を製造していました。マルハニチロのホームページ（広報）によると、事件の経緯は以下のとおりです。

＜経緯＞
2013年11月13日：アクリフーズ群馬工場製造の冷凍食品に、最初の異臭苦情発生
2013年12月27日：苦情現品から農薬マラチオンを検出
2013年12月29日：アクリフーズ群馬工場品全品の自主回収を発表
2014年 1月25日：容疑者（群馬工場従業員）逮捕
2014年 1月31日：アクリフーズ「農薬混入事件に関する第三者検証委員会」発足

2014 年 4 月 1 日：危機管理再構築委員会の設置

2014 年 5 月 29 日：アクリフーズ「農薬混入事件に関する第三者検証委員会」最終報告 提出

　第三者委員会は報告書において、アクリ社は、悪意を持った人物による意図的な危険物の混入を全く想定しておらず、食品防御対策を取っていなかった。マルハニチログループの犯罪防止、食品防御対策が十分であったとは言えない[35]、と批判しています。なぜこの事件が起きたのかについては、樋口晴彦氏がリスクマネジメントの視点で分析している「アクリフーズ農薬混入事件の事例研究」[36] に詳しいのでそちらをご覧ください。また、マルハニチログループ CSR 報告書 2014 特別版『「アクリフーズ農薬混入事件」の記録』は、信頼回復のために今後の対策としてフードディフェンスについてページを割いて説明しています。

　リスクコントロールについては、これらの文献をご覧いただくとして、本稿はリスクファイナンスについて述べなければなりません。残念ながら、有価証券報告書および IR 関連ニュースでは、損害額に関する記載は筆者が探した限り見つかりませんでした。そこで損害については報道されている情報をもとに推測するしかありませんが、1) 出荷した製品を自主回収して廃棄しています。報道によれば、商品回収の社告に 5 億 9,700 万円掛かり、後日、その一部の 1 億円の損害賠償を求めた訴訟を元契約社員に起こし、地裁は全額の支払いを命じる判決を言い渡しています。しかしながら、いくら勝訴しても回収は望めないでしょう。また、代替品の交換費用が発生しています。それよりも大きいのが約 7 か月間操業を停止していた間の損害です。これも群馬工場の売上に関するセグメント情報がないので推定することはできませんが、膨大な金額でしょう。更に、ブランド・イメージの毀損が挙げられます。大きな健康被害が報告されていないのが不幸中の幸いです。

　さて、食品製造に関わる保険としては、生産物賠償責任保険がまず挙

Part Ⅱ

げられますが、農薬による健康被害が生じていないので、基本的には補償されないと思われます。むしろ、本件では生産物回収費用保険（リコール保険）が該当すると考えられます。その補償内容は、回収費用・社告費用・代替品の対価・廃棄費用等です。ただし、従業員を第三者扱いとしない約款の場合は、担保されない可能性がありますので注意が必要です。

10.4 製造物責任の集団訴訟

ケース：CS社

　CS株式会社（以下、CS社）は上場企業であり、主力商品は豆乳（売上高の60％）で業界第2位、創業以来の味噌は業界第4位の会社です。味噌の需要が減る夏場の工場操業率を上げるために多角化の一環で取り組んだ豆乳が成功し、海外にも輸出されるようになりました。しかしながら、2004年にオーストラリアに輸出した豆乳商品Bによる健康被害が報告され、2010年に集団訴訟が提起されました。2015年、健康被害集団訴訟の和解が成立した事件です。

　CS社は日本国内で製造した豆乳を出荷、M商事は輸出業者，メルボルンに本社を構えるS社は現地で販売を担当するという役割分担でした。順調に販売を伸ばしていったのですが、2003年8月、S社の求めに応じて豆乳の味にコクを出すために塩の代わりに使っていた昆布エキスを別の昆布エキスに変更し、変更後の成分にヨー素が多く含まれていたのです。その後、2004年～2009年に約500人のヨー素過剰摂取による健康被害が報告され、2009年にS社は食品を自主回収、2010年にS社に対して集団訴訟が提起され、2013年にはCS社とM商事まで対象が拡大されました。集団訴訟を担当するMBは集団訴訟を専門とする弁護士事務所で、「We fight for fair」をスローガンに被害者の味方を任

じ、完全成功報酬制を採用しています。その背後には、MBが実質的に設立した「訴訟投資ファンド」があり、訴訟参加者に経済的負担を負わせることなく集団訴訟が起こせるようになっています。勝訴した賠償金の一定割合は投資家に配当として分配される仕組みです。MBは勝てる可能性が高いと判断した案件を被害者に仕掛けて集団訴訟を受任するビジネスを行っているようです。MBは、被告3社は2006年の中頃には商品Bが極めて高いヨー素を含有しているという試験結果を得ていたにもかかわらず、何も対策をとらなかったと主張しました。また、ヨー素の過剰摂取は，流産の可能性、動悸、脱毛や歯茎からの出血、筋肉の減退、甲状腺肥大に繋がり得る…と述べ，被害者の健康被害状況がテレビで放映され、インターネット上でもネガティブキャンペーンが大々的に展開されました。訴訟は、保険会社の損害サービス担当者及び弁護士が協議し、MBとの弁護士間の折衝および調停人による和解交渉を経て、2015年1月に2,500万豪ドル（当時の換算レートで約24億円）の支払いで和解が成立しました。CS社は、平成26年11月4日付で，「…当社は、本訴訟の長期化は好ましいものではなく、経済的、人的コストの負担増や判決に伴う風評被害による豆乳全体の売り上げ減少、ブランドイメージ低下等を総合的に考慮し、調停人の和解交渉に応じることが合理的と判断するに至りました。…弊社和解金合計金額606.25万豪ドル内500万豪ドルは保険金支払、106.25万豪ドルは弊社負担…103百万円を特別損失として計上いたしました」と適時開示しています。ちなみに、3社は商品Bに関する製造物責任を認めてはいません。

　CS社とM商事は、被害者に支払う賠償金部分と弁護士等に支払う争訟費用部分からなる海外PL保険に加入していました。争訟費用部分は賠償責任金額とは外枠、しかも無制限の担保内容となっていました。万一、裁判で敗訴した場合、契約した保険金額を超えた金額は被告が負担しなければなりません。懲罰的損害賠償では何倍もの賠償金が課され

ることがしばしばあります。実際、赤字決算となる可能性も否定できない状況でした。3社の中ではCS社が規模的に最も大きいのでDeep Pocketとみなされていたのです。和解では、賠償金500万豪ドルが保険から支払われ、不足分106.25万豪ドル（約1.03億円）はCS社が負担することで決着しました。なお、本稿は筆者が行ったCS社及び関連する方へのインタビューに基づいています。詳しくは、加藤（2018）をご覧ください。

10.5　テロ・誘拐・脅迫

（1）　海外リスクの種類

　グローバル化の進展に伴い、大企業だけではなく、多くの中堅・中小企業が海外に製造拠点や販売拠点を設けています。まさに企業を成長させるためには、海外市場を取り込むことが必要不可欠な時代となっています。進出先はアジアを始め、中東、アフリカ、中南米などグローバルに広がり、治安の良いとされる先進国ばかりではありません。かつて、イザヤ・ベンダサン（山本七平氏のペンネームと言われている）が、その著書『日本人とユダヤ人』の中で、「日本人は水と安全はタダだと思っている」と海外の常識について紹介していますが、一度海外に出たならば、水と安全を得るためには一定のコストが掛かると言うのは今や常識になりつつあるのではないでしょうか。

　思い起こせば、フィリピンの三井物産マニラ支店長誘拐事件（1986）、米国ニューヨークのワールドトレードセンター等への一連の同時多発テロ（2001）、最近でも、ノルウェーのオスロ政府庁舎爆破事件とそれに続くウトヤ島乱射事件（2009）、アルジェリアのプラント襲撃事件（2013）、ケニアの首都ナイロビのショッピングセンターの爆破テロ（2013）、イスラム国（IS）による後藤さん・湯川さん拉致殺害事件

(2015)、ダッカレストラン襲撃テロ事件では7名の法人が死亡……大きく報道された事件だけでも相当な数に上ります。その背後には報道されていない事件が多数発生している現実があります。「まさか、うちの社員が巻き込まれることはない」「大手じゃないから狙われることはない」という主張は全く根拠がないと言えます。ビジネスで海外出張するビジネスパーソン、駐在員とその家族（以下、特段の断りがない限りまとめて「駐在員」と記載）が事件、事故に巻き込まれるケースとしては、テロ、誘拐、脅迫、暴動、強奪、強姦などが挙げられます。

　日本経済の成長を考えるならば、日系企業の海外進出は更に増えることが見込まれ、天然ガスや石油などのエネルギー資源や安い労働力の確保にあたっては、治安が安定していない発展途上国への進出も避けては通れないと思われます。そうなればこのランキングの上位に名を連ねない東南アジアや南アジアなどの国々への進出が続くだけでなく、新たな開拓地も必要になってくるでしょう。

　しかし今後の世界の治安情勢は決して楽観視できるものでないのが現実です。以前と比べ国家間戦争の脅威は低下したものの、国内の宗教対立や民族対立、経済格差による襲撃や暴動、テロなどは増加傾向にあります。例えば世界各地で発生するテロをとってみても、その件数は近年において増加しています。また今後世界人口は現在の70億人から2050年には90億人に達すると予想されますが、その人口の大多数はアジアやアフリカの発展途上国で増加することから、それに見合う分だけの教育や労働市場が確保されるかは不透明であり、今後更にそのような国家内における治安が悪化することも考えられます。そうなればこの世界平和度指数も全体として悪化する蓋然性が高いため、海外に進出する日系企業としても、進出計画を練る際にはこの平和度指数を一つのバロメーターとすることも重要です。進出計画を練る際には、独自でニュースや治安情報を集めるだけでなく、世界平和度指数のようなより客観的な指

標を用いることは少なからず有益であると思われます。

次に世界のテロ発生件数と犠牲者数の推移を見てみましょう。〔図28〕を参照ください。2003年以降、年によってバラつきはあるものの、全体としては増加傾向が見て取れます。また、〔図29〕にあるように、テロの手法としては爆弾によるもの、次いで襲撃が多くなっています。前者は無差別であり、人が多く集まる繁華街などでテロに巻き込まれる

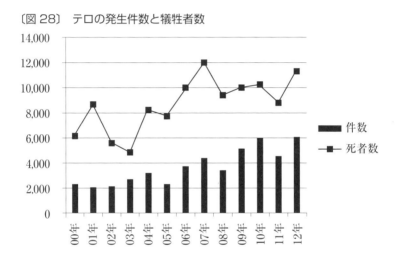

〔図28〕 テロの発生件数と犠牲者数

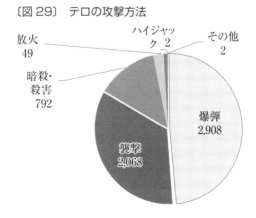

〔図29〕 テロの攻撃方法

可能性があります。後者は計画的犯行で現地の幹部社員などが狙われるケースです。

〔表11〕を参照ください。2001年以降の主要なテロで邦人が被害となった事件です。9件の事件で52人が亡くなっています。国、犯行現場の環境、手法は様々ですが、テロ事件での共通点は、邦人被害者はテロに巻き込まれて負傷または死亡しています。つまり、必ずしも日本人をターゲットにしたテロではなにもかかわらず、結果的に被害に遭って

〔表11〕2001年以降の主要テロ（邦人の被害状況）

発生年月		発生国	テロの内容	邦人の被害状況
2001	9	米国	NY等への同時多発テロ	WTC等で24人死亡
2002	3	パキスタン	イスラマバードの教会へ爆弾攻撃	女性1人が負傷
2002	5	トルコ	イスタンブールのホテル立て籠もり	宿泊客2人無事
2002	10	インドネシア	バリ島のクラブ数軒への爆弾攻撃	2人死亡、14人負傷
2003	3	トルコ・ギリシャ	トルコ航空機ハイジャック・犯人投降	2人無事
2003	8	イラク	バグダッドの国連事務所へ爆弾攻撃	1人負傷
2003	11	イラク	ティクリットで外交官の車が銃撃	外交官2人死亡
2004	5	イラク	ムハマディアで武装組織が銃撃	旅行者2人死亡
2005	7	英国	ロンドン地下鉄自爆攻撃	1人地下鉄内で軽傷
2005	10	インドネシア	バリ島の飲食店3ヶ所爆弾攻撃	1人死亡、3人負傷
2007	6	アフガニスタン	カブールの警察本部への爆弾攻撃	NPOの2人負傷
2008	3	パキスタン	イスラマバードのレストラン爆弾攻撃	2人負傷
2008	11	インド	ムンバイのホテル等へのテロ攻撃	1人死亡、1人軽傷
2009	7	インドネシア	ジャカルタのホテル2件での自爆テロ	1人軽傷
2010	12	インド	ウッタルプラデシュ聖地での爆発テロ	旅行者2人負傷
2013	1	アルジェリア	イナメナス西部でのプラント襲撃	10人死亡
2013	11	中国	北京、天安門車両突入炎上事件	1人負傷
2015	3	チュニジア	首都チュニス、バルドー博物館襲撃事件	旅行者 3人死亡、3人負傷
2016	3	ベルギー	ブリュッセル同時テロ	2人負傷（1名重傷）
2016	7	バングラディシュ	ダッカレストラン襲撃テロ事件	7人死亡、1人負傷

いるのです。

(2) 誘　　拐

　誘拐とは、非合法または不正手段によって人を拉致、勾留することと定義されます。しばしば、身代金取得目的で行われ、世界中では少なく見積もっても年間 30,000 から 35,000 件程度発生していると言われています。政治的または人種・宗教的な要因のみならず、日本人の感覚からすると信じられないかもしれませんが、地域によってはビジネス（生業）として、家族、一族、あるいは政治的信条などによらない特定のグループによって引き起こされています。その背景には、経済危機による失業、極端な貧富の格差、現地司法警察権力の低下による治安の悪化といった背景があります。ある保険会社の推定では、身代金の支払いにより解放される被害者は 67％、身代金の支払い無しで解放される被害者は 15％、警察や軍などによって救出されたのは 7％、自力で脱出したのは 1％、残念ながら 10％の被害者は、拘禁中に死亡あるいは殺害されているとのことです[37]。

(3) 脅　　迫

　脅迫とは、人の生命、財産、身体、名誉、自由に対して害悪をする告知を行うことと定義されます。まさに、駐在員の生命や生活を脅かす行為であり、企業の工場やオフィスなどの施設に対する破壊、販売する商品への異物混入の告知などが含まれます。

　次に、実際に事件や事故が発生した時に必要となる経費の調達に関するリスク・ファイナンスについて考えてみましょう。リスク・ファイナンスの目的は、その損失のてん補によりバランスシートの健全性を保持し、企業価値の維持、拡大を達成することです。損失が発生すると、バランスシート上で利益剰余金が減り、それでも足りなければ資本準備金、資本金へと対象範囲が広がっていきます。使途を限定しない資金調達手段としては銀行のコミットメントライン契約があります。事故・事

件性のリスク・ファイナンスのヘッジ手段としては一般的に損害保険が利用されています。保険は、貸借対照表に記載されないオフバランスの資産とも言えます。

海外での事故・事件の場合、保険金の支払いはもとより、事故発生時における現地対応を保険会社の持つノウハウやグローバルネットワークに期待する面もあると思われます。テロ・誘拐事件による人的被害に関しては、海外傷害保険（ケガの治療費、死亡・後遺障害、救援者費用、ほか）、工場・事務所など物的被害に関しては、火災保険があります。ただし、戦争、内戦、内乱状態まで治安状況がエスカレートした場合は、約款上、免責となります。詳しくは、保険会社に確認してください。

また、誘拐事件、殺傷または拉致する旨の脅迫行為、施設や財物の破壊・毀損・汚損等の脅迫行為、不当監禁、ハイジャックが発生した場合に、事件の解決に向けてプロの危機管理コンサルタントを雇う費用等を補償対象にした「海外安全保障プログラム」も開発されています。支払われる保険金の種類は、「危機管理コンサルタント費用」、「広報戦略コンサルタント費用」、事件の拡大防止または軽減を目的とした「ガードマン等費用」、安全配慮義務を巡って被害者またはその法定相続人から提訴された場合の「応訴費用」です。興味のある方は、ご連絡ください。事項では、海外における保険付保について、グループ全体を管理する立場にある本社と現地法人の立場から考察してみましょう。

10.6 グローバルプログラム

日本企業の海外進出が増える昨今、欧米の多国籍企業（MNC）でリスクマネジメント手段として普及している統合的管理マスタープログラム（Integrated Controlled Master Program、以下、ICMP）を紹介します。MNCには国境を越えた保険ニーズがあり、保険を手当てする場合は、

(1) 認可済保険 [38]（非集中化アプローチ）、(2) 無認可保険（集中化アプローチ）、(3) これらを組み合わせた ICMP があります。

（1） 認可済保険（非集中化アプローチ）

現地の保険代理店や保険ブローカーを通じて現地語で契約を行い、現地通貨で保険料を支払い、現地通貨で保険金を受け取るスキームです。保険料には、保険料税が課せられることがあります。通常、保険料は経費処理ができ、現地の状況に適した条件を設定できるメリットがあります。一方、本社のリスクマネジメント担当者にとっては契約が現地語であることから付保内容が理解しにくいこと、規模の経済が働かないことから保険料が割高になる可能性、現地規制によって十分な補償内容が得られない可能性がデメリットとして挙げられています。

（2） 無認可保険（集中化アプローチ）

本国で保険を手当するため、本国の言語で統一的な補償内容を設計することができ、保険料や保険金の支払いは本国の通貨でできます。また、規模の経済を活かした保険料率交渉も可能となります。一方、損害サービス、とりわけ賠償責任保険で事故が発生した場合には、問題解決が複雑となる可能性が指摘されています [39]。また、国によっては直接付保に対して罰則を課すところもありますので [40]、注意が必要です。

（3） ICMP の概要

日本企業では未だ浸透していませんが、グローバルに事業を展開する MNC は、ICMP という全世界を包括的にカバーする手法で保険手当てをしているケースが多いようです。その保険ニーズは、引受キャパシティの最大化と保険料の最小化です。ICMP は本国の保険会社の子会社や提携先が現地において保険を引き受け、事故処理及び保険金の支払いを行いますが（認可済保険と同じ）、保険プログラム全体を本社のマスター証券で傘のように包括的に補償するスキームです。ERM の視点から全社のリスクを把握して、適切なリスクマネジメントを検討する機会

〔図30〕ICMPにおける現地証券とマスター証券の関係

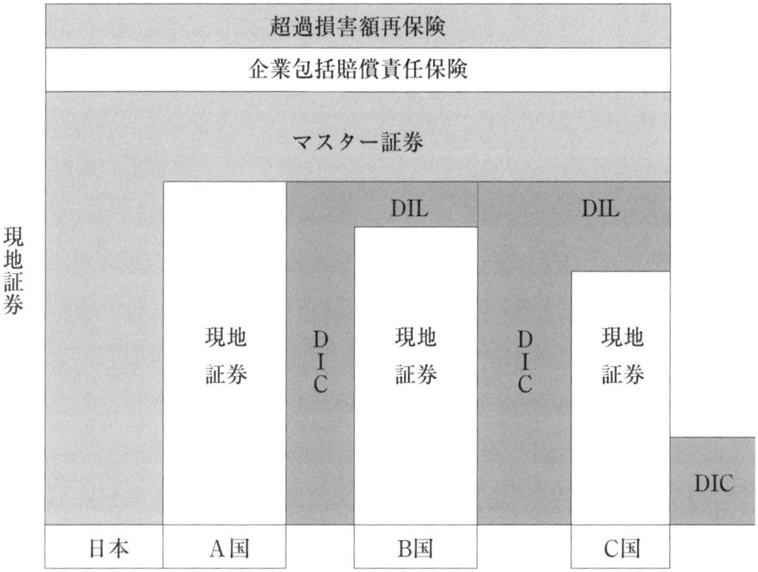
超過損害額再保険
企業包括賠償責任保険
マスター証券
現地証券
DIL
DIL
現地証券
DIC
現地証券
DIC
現地証券
DIC
日本
A国
B国
C国

が得られます。〔図30〕を参照ください。

ICMPには、1）規模の経済、2）担保する補償範囲の統一性、3）事故処理の経験値、4）損害率の安定化が一般的に挙げられます。

1）スケールメリットを活かすことによって、保険料や引受キャパシティにおいてより有利な条件が得られる経済的メリットがあります。

2）全世界を包括的にカバーすることによって、付保漏れや重複カバーなどが生じることなく効率的な保険設計が可能となります。

進出先国における付保規制から必要な補償内容が得られない場合や地震担保のように引受キャパシティの関係から全世界で包括的に対応する必要がある場合は、条件差保険（Difference In Condition Insurance、以下、DIC）で対応することができます。B国とC国では、C国のDICの幅が広くなっています。それは、現地における担保範囲が狭いのでDICで担保内容を拡張していることを意味しています。また、C国の横に張り

出している部分は、C国特有に手当てした補償内容です。更に、必要な補償金額が現地で十分に確保できない場合には、てん補限度額の差異（Difference In Limits、以下、DIL）で対応されます。現地の保険料率が国際水準に比べて高い場合、（規制をクリアーするという前提付きで）現地保険金額を抑えることによって保険コストを削減できる可能性があります。なお、賠償責任保険の場合は、マスター証券の上にアンブレラカバーや超過損害額保険のレイヤー（階層）を設定することによって、十分な補償額を確保するケースが多いようです。

3) グローバルに保険ネットワークを有している保険会社は、海外における豊富なクレーム経験があるので、事故が発生した際に、現地で迅速な対応が期待できます。

4) プログラムの損害率では、例えば、テロ活動と自然災害は相関性が低いので、組み合わせることによって長期的に安定することが期待されます。以上のようにICMPには多くのメリットがあります。

一方、ICMPのデメリットとしては、1) ICMPを組成するのに一定の保険料規模が必要であることが挙げられます。筆者がインタビューした複数の保険会社は引受最低保険料に幅がありました。したがって、希望しても組成できない可能性があります。2) 保険規制は国によってまちまち[41]であり、グローバルな規制および保険法の首尾一貫した適用は存在しません[42]。十分な調査・事前準備を行わないと、現地の税務当局と税制を巡る係争が発生する可能性があることを指摘しておきます。

第 11 章　役員のリスク

11.1.1　役員を取り巻く環境の変化

　会社役員を取り巻く環境は大きく変化しました。2014年2月、日本版「スチュワードシップ・コード」の制定（2017年5月改訂）、同年8月の「持続的成長への競争力とインセンティブ－企業と投資家の望ましい関係構築」（伊藤レポート）公表、2015年6月の「コーポレートガバナンス・コード」の上場企業への適用（2018年6月改訂）は、日本経済の成長戦略の一環として位置付けられ注目を浴びました。本稿との関連で言えば、ステークホルダー（特に、アセットオーナー、運用受託会社）との関係を前提に、最善慣行規範に基づく会社のガバナンスに資する原則（プリンシプル・ベース）を取りまとめたものです。その背景にはESG投資に関する世界的な関心の高まりがあると推察されます。

　一方、2015年5月、会社法が改正され社外取締役要件の厳格化、多重代表訴訟制度等が導入されました。また、企業のグローバル化に伴う海外からの人材獲得競争、不祥事の発生、過労死問題など、会社役員としての責任を問われる場面も増えてきています。

11.1.2　役員責任の現実

　一般の従業員であれば、少なくとも取引先への過大請求や、詐欺、横領などの具体的な法律違反などを犯さない限り、会社運営に関わる損害賠償請求の矢面に立たされることは通常考えられません。ところが、会社役員は異なります。経営方針を決めるなどの能動的行為のみならず、事件・不祥事が発生してしまった場合、予防義務・管理監督責任があることから、その結果責任を問われる恐れがあるのです。庶民感覚では、

Part Ⅱ

　取締役への就任は人生の集大成であるだけでなく、様々な役得を期待させる出来事ではないでしょうか。しかしながら、会社法上、会社の役員等（取締役、会計参与、監査役、執行役、会計監査人（会社法329条・423条））には、一般の従業員と比べ、自身が勤務する会社及び第三者（取引先や従業員など）に対する法律上の責任が強化・上乗せされているのです。

　取締役は会社からの委任によって会社経営を行っているので、適法かつ適切な経営によって会社に利益をもたらすという会社との契約上の責任があり、取締役の行為あるいは不作為により会社および第三者に何らかの損害を与えた場合には、役員は損害を賠償する重い責任を負っています。役員が負う可能性のある法的責任としては、民事責任と刑事責任があります。役員は会社から委任を受けた者として「善管注意義務」の下に業務を遂行しなければなりません。違法行為は当然として、不合理な経営判断をした結果、会社に損害を与えた場合、他の取締役の問題のある業務遂行を監視監督しなかった場合、民事上の損害賠償を負わされる可能性があります。また、粉飾決算など犯罪行為の場合、刑事責任を負うことがあります。したがって、その中身について自覚と熟知が必要とされるのです。

　実際、会社法と過去の判例に鑑みた時、理不尽とも思えるような巨額な賠償命令を出され、悲惨な晩年を迎えてしまう会社役員もおられます。本人が死亡して遺産相続（単純相続）が済んでいる場合、その遺族に支払い義務が生じる可能性もあります。以上が、会社法と役員にとっての賠償補償ニーズの概要です。

　次に、訴訟について述べます。会社の役員に課せられる責任は、会社に対する責任、第三者に対する責任、社会に対する責任に分類されます。その責任・義務を、会社に対して果たせない場合は、①株主代表訴訟、②会社訴訟、③第三者訴訟が提起される可能性があります。

株主代表訴訟とは、会社役員が善管注意義務・忠実義務・競業避止義務・利益相反取引の制限に違反し会社に損害を与えた場合、株主が会社に代わって会社法 847 条を根拠として役員に対し損害賠償を求める訴えを提起することができる制度です。これは会社による責任追及を株主が代わって追及する構図ですので、賠償金は会社に支払われます。会社訴訟は、主として株主からの提訴請求によって起こされますが、提訴請求がなくても起こすことはできます。第三者訴訟は、消費者・取引先等に加えて、従業員・元従業員から役員個人に訴訟が提起されることも考えられます。すなわち、ハラスメント・不当解雇・過労死などが想定されます。

　この会社役員特有の責任には、法律上は上場、非上場の区別はありません。特に上場企業だけのリスクという誤った認識が広く浸透している株主代表訴訟リスクに限っても、非上場企業でありながら広く出資者を募っている企業や権利関係が複雑に錯綜している同族企業、ベンチャーキャピタルなど第三者株主が存在する企業の数は意外と多く、決して上場企業だけのリスクではないことを認識する必要があります。

　ところで訴訟を提起された場合、「どの弁護士と闘うか」で結果が大きく変わるとも言われています。すなわち、会社法に精通したその分野の訴訟経験の豊富な弁護士を確保できるかどうかが非常に重要です。

　最後に、D&O 保険のパンフレットでは触れられない、恐らく研修資料にもあまり出てこないのではないかと思われるのですが、取締役の責任軽減策について周辺知識として触れたいと思います。その方法として、総株主の同意（会社法 424 条）、株主総会決議による一部免除（会社法 425 条 1 項、426 条）、責任限定契約（会社法 427 条 1 項、ただし、業務執行取締役は除く）があります。ただし、これらの責任軽減策は株主代表訴訟に対しては有効ですが、従業員・元従業員を含む第三者が提訴した場合には制約を受けません。興味のある読者は、専門書をご覧くださ

い。

11.1.3 役員の責任が問われた事例

会社役員の責任を巡った訴訟事例に関する書籍に、落合誠一監修(2014)『業界別・場面別 役員が知っておきたい法的責任－役員責任追及訴訟に学ぶ現場対応策－』経済法令研究会があります。参考になりそうな事例をいくつか紹介します。詳しくは同書をご覧ください。

① 株主代表訴訟
　　　神戸製鋼所株主代表訴訟事件（総会屋に対する利益供与）
　　　大和銀行株主代表訴訟事件（内部統制システムの構築）
　　　ダスキン株主代表訴訟事件（未認可食品添加物）
② 会社訴訟
　　　宮入バルブ事件（外部への支出）
　　　通信事業会社事件（協業会社への部下の移籍勧誘）
③ 第三者訴訟
　　　大庄事件（過労死）
　　　パロマ事件（品質・安全問題）
　　　その他

作為・不作為を問わず、経営判断ミスによる業績の悪化、不正行為を行った取締役を見逃した責任、（言いがかりも含めて）セクハラ・パワハラ・不当労働行為…など、役員は多くのリスクに取り囲まれていると言っても過言ではありません。他方、特に上場企業においては常に企業価値の向上が求められることから、役員は委縮することなく適切なリスクを取って果敢に挑戦し続けなければなりません。有能な弁護士の確保、個人資産の防衛手段として、D&O保険はソリューションの一つになり得ます。なお、保険会社によって、D&O保険の約款・補償内容は異なりますので、注意が必要です。

第12章　キャプティブ再保険会社

本稿は『電業特報』No.2937 に掲載された論考を、データをアップデートして、(株) 電業調査会の許可を得て転載します。

12.1.1　概要と歴史
(1)　概　　要

「キャプティブ (Captive)」という英単語は、一般的には聞き慣れない言葉ではないかと思います。「専属の」という意味があります。保険業界でキャプティブとは、「特定の企業またはグループ企業[43]のリスクを引き受ける目的で海外に設立される専属の再保険会社（以下、「キャプティブ」）」を意味します。

ここで重要なキーワードである「海外に」と「再保険会社」について解説したいと思います。実はグローバルには、設立地は必ずしも海外でなければならないわけではありません。実際、米国の親企業は米国内に多くのキャプティブを設立しています。しかしながら、日本の法律ではキャプティブでも通常の保険会社に準じた資本金や管理体制が求められることから、日本国内にキャプティブを設立することはコスト的に現実的ではないのです。再保険会社としている理由は、日本の法律では海外の保険会社に直接保険を掛けることが許されていないことから、国内に事業免許を取得している保険会社が元請けとして保険を引き受けて、再保険取引という形で取引を行う必要があるからです。

ところで、キャプティブと言うと、少し聞きかじったことのある方は、バミューダやケイマン諸島などのタックスヘイブン（租税回避地）を連想して、何か怪しい、あるいは税逃れといった負のイメージを持た

れる場合があるようです。個別に脱法行為をしている会社はともかく、キャプティブというスキームそのものは、保険会社間で通常行われている再保険取引を使った自家保険の仕組みです。小なりといえども、設立地の監督当局によって金融機関として許認可を受けて営業する歴とした保険会社です。キャプティブは、企業（含むグループ企業）が保有するリスクを一元管理し、高度なリスク・ファイナンスを行うための仕組みであり、グローバルに認知されています。

キャプティブが注目を集める背景には、税務メリットのみならず、グローバル化による事業活動の拡大、海外リスクの多様化・複雑化及び会計基準のＩＦＲＳへの移行など、リスク対策が重要な経営課題として浮上していることが挙げられます。

2017年末現在、世界中には6,647社ものキャプティブ（元請社を含む[44]）が存在する一方、日系企業を親会社とするキャプティブは、未だ百数十社程度と言われており、日本の経済力とはリンクしていないようです。

（2）歴　　史

Bawcutt（1997）によれば、キャプティブの始まりは、1920年代に英国で共同保険ベースで引受けを行う保険会社とされ、…中略…　リスク・ファイナンシングの手法を向上する手段としてキャプティブへの関心が高まるにつれ、親会社は、複雑な保険法制と高率課税を避けるため海外に目を向けるようになり、1950年代初期、とくに米国で見られたこれらの発展がキャプティブ保険会社の真の発達の出発点となった[45]と述べています。日本では以下のような変遷を辿って発展してきました。

第1期（1974-76年）
　　　　船舶会社を中心に、バミューダに設立。保険料削減と節税目的。
第2期（1979-92年）

商社、石油・ガス、製造業を中心に、海外所在の財物や製造物責任などを、自家保険からキャプティブに移転。

第3期（1993-98年）

バブル崩壊過程でのトータルの保険料削減。金融自由化対応、小規模。

第4期（1999年～）

規制緩和・自由化の流れ、大手メーカーのグローバルプログラム構築とキャプティブによるリスクマネジメント効果によるリスクコストの削減。

第5期（2006～）

中堅オーナー企業を中心に、IRC Code831（b）を利用した事業承継もしくは第三者リスクを引き受けるマイクロ・キャプティブの設立。

第6期（2017～）

トランプ政権による米国法人税率の引き下げによって、ERMの一環としてのキャプティブ設立の動きが広がっています。

12.1.2　仕組み

本稿ではピュアキャプティブと呼ばれる最も基本的な形態[46]を使って、その仕組みを説明します。〔図31〕を参照してください。左側が日本国内、右側が海外でのオペレーションです。お金の流れに沿って順に解説しましょう。

① キャプティブの設立

資本金等を入れてキャプティブをオフショアに設立、キャプティブマネージャー・弁護士等を選任して監督官庁から保険会社の許認可を取得します。引受条件・リスクに応じて、元受保険会社から資本金、L/Cなど信用補完が求められます。

〔図31〕キャプティブ再保険会社の仕組み

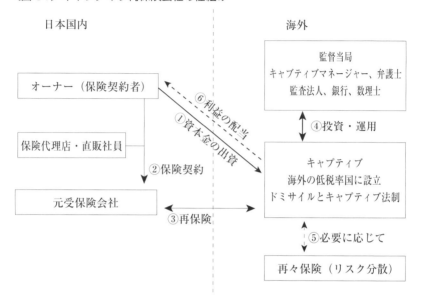

② 保険契約

日本国内における通常の保険契約、いわゆる掛け捨て型保険は基本的に全額損金算入ができます。保険が適用される事故が生じれば、国内で認可を受けている元受保険会社が保険金の支払い等の事故処理を行います。

③ 再保険

予め約定した条件（特約再保険）で元受保険会社からキャプティブに出再保険[47]を行います。元受保険会社が保険金を支払った場合は、元受保険会社は約定に応じてキャプティブから相当額を回収します。

④ キャプティブの運営

現地での保険会社としての実務の執行（アンダーライティング、証券発行等、クレームに関わる業務、再保険料の授受、監督官庁への定期報告、権限の範囲内での入出金管理、資金運用、検査対応等）、これらの業務はキャ

プティブオーナーから業務委託契約によってキャプティブマネージャーが、弁護士、銀行家、監査法人、保険数理人等の協力を得て行います。

⑤　再々保険の手当て

万一の場合でも、キャプティブが財務的な破綻を来さないように、必要に応じて再々保険を手配してリスクをヘッジします。

⑥　配当・貸付け

事業が順調であれば、キャプティブに収益が蓄積されます。貯った資金は配当として受け取ることができます[48]。また、ドミサイルによっては親会社への貸付けも可能です。このように説明すると、保険事故がない時はキャッシュが貯まるのは分かるが、事故が発生して元受保険会社が保険金を支払った場合は、約定に従って自社の資金で支払うのであれば、何のメリットがあるのか。当たり前ではないか、との疑問が生じるかもしれません。そこでポイントとなるのが、②における保険料の全額損金算入です。もし、想定される損害に対して自己資金で賄おうとしたら、税引き後の利益の一部を任意積立金として留保することによって対処することになります。キャプティブでは、無事故あるいは事故が想定以下（頻度・強度）であれば、損金算入した資金が蓄積され危機管理対策ファンドができるのです。

キャプティブは代替的リスク移転手段（ART）と呼ばれることがあります。これは一般的な民間保険会社とは異なる仕組みを使ってリスクを移転しているからですが、民間保険会社とは寄って立つビジネス原理に大きな違いがあります。それは、民間保険会社は多くの不定多数の顧客を対象に保険募集を行い沢山の契約を集めることによって、基本的に「大数の法則」と「中心極限定理」という原理に基づいてリスク・プーリングを形成して事業を行っています。

一方、キャプティブは1社またはグループ企業を対象としているので、保険目的の数は限られることから大数の法則は機能し難いのです。

その代わりに、キャプティブオーナーとしては積極的にリスク・コントロールを行うことによって、事故を未然に防ぎ、万一起きた場合でもそのダメージを最小にするように努力するはずです。なぜなら、自らリスクを取っているからです。それでも長い期間には、大地震などによる被害に見舞われることもあるかもしれません。すなわち、キャプティブは時間でリスクを分散する仕組みなのです。実際、無保険で大災害が発生した場合、同一年度内に費用が集中的に発生することによって存続が危うくなるような場合と比べると、長い期間にわたって少しずつ危機管理対策ファンドとして必要な資金を準備することができれば、危機を乗り切れる可能性が高まるのです。

最後に、日本にある親会社と100％の資本関係にある海外子会社であるキャプティブは連結対象にするべきかという問題に触れておきたいと思います。支配力基準によって抽出された子会社は、原則として全て連結の範囲に含めなければなりません。しかしながら、小規模なものは「重要性の原則」によって利害関係者の合理的な判断を妨げない程度に重要性の乏しい子会社、連結の範囲から除外することが認められています。筆者の経験では除外されるケースが多いように思いますが、公認会計士・税理士と相談してください。

12.1.3 設立目的

キャプティブの設立目的（メリット）は様々です。主な設立目的を〔表12〕に掲げておきます。順に説明しましょう。

① リスク管理手法

主として自社が保有する多頻度・小損害リスク、集中管理が可能なリスクが対象で、自社によるリスク・コントロールとリスク・ファイナンスのバランスを前提にしています。

また、元受保険会社が積極的に引き受け難い条件でも再保険を前提に

〔表12〕 キャプティブの主な設立目的

①	独自のリスク管理手法として
	加入困難な保険の手配
	元受保険会社の信用・インフラ活用
②	損害準備金の積立て(自家保険の代替)
	保険コストの節減・安定化
③	保険事業収益・運用益
	税制上のメリット享受

引き受ける場合があります。外資系企業と取引がある場合は、必要な事業保険に加入することが取引条件として求められることがあります。その場合は、信用力の高い元受保険会社から付保証明書を発行してもらうことができます。また、損害調査や訴訟対応に関しても元受保険会社のインフラが活用できます。同等のインフラを自社で構築することは、コストが掛かり過ぎて現実的ではないでしょう。

② リスク・ファイナンス

地震リスクや瑕疵保証といった将来のリスクに備えるためのファンディング(損害準備金)を用意することができます。日本ではかつて米国で起きたような保険危機は考え難いですが、キャプティブを所有することによって再保険マーケットへ直接アクセスすることができるようになり、保険料率に内外格差がある場合、交渉力を持てることから保険コストを削減できる可能性があります。

③ 収益・税務

キャプティブでリスクを引き受けることによる結果として、保険引受収益を期待することができます。また、保険会計・保険税務により、未経過責任期間分や未確定の損失分についての引当が可能となり、効率的なリスク準備金ファンドを形成できることが挙げられます。

一方、キャプティブを設立・保有するデメリットとしては、①コスト

負担、②為替・運用リスク、③想定を超えた損害の発生等が挙げられます。

① コスト負担

専任の人員を現地に常駐させる必要はありませんが、設立費用と毎年の維持費（キャプティブマネージャー、会計士、弁護士、監査人等）及び公租などが掛かります。また、キャプティブを何らかの理由で移転する場合も移転コストが掛かります。

② 為替・運用リスク

外貨で運用する場合、為替リスクがあります。また、高い利回りを期待して運用する場合は、相応の変動リスクがあります。もっとも、高い運用益は期待できませんが、日本円のままで確実に運用することが可能なドミサイルもあります。

③ 想定を超えた損害の発生

想定を超えた大損害が発生した場合、予定した収益を確保できない、または最悪の場合は破綻する可能性があります。対策としては、予想最高損害額（PML）等を算出して財務的な体力から運営方針を決定して、必要があれば（別途費用発生）、再々保険を活用することによって保険金の支払い金額に上限を付けるのが一般的な対処方法です。

12.1.4　代表的なキャプティブの設立地

キャプティブの設立地（国・地域）のことを「ドミサイル」と言います。各ドミサイルにはキャプティブのための特別な法律が用意されています。2017年末現在の主要ドミサイル別のキャプティブ会社数を〔表13〕に掲げておきます。依然としてバミューダがキャプティブのドミサイルとして最大ですが、近年では米国内での設立も増えています。

ドミサイルの選定に際しては、キャプティブ設立の目的、税制（法人税、保険料税、運用益への課税、租税条約、ほか）、保険料の規模、運営固

〔表13〕主要ドミサイル別キャプティブ数

順位	ドミサイル	会社数	順位	ドミサイル	会社数
1	バミューダ	739	7	バルバトス	266
2	ケイマン	669	8	アンギラ	258
3	米国バーモント	566	9	米国ハワイ	230
4	米国ユタ	480	10	米国ノースカロライナ	220
5	米国デラウエア	391	11	米国ネバダ	204
6	ガーンジー	315	12	ルクセンブルグ	203

『Business Insurance』2018年3月9日号 p.33

定費、サービスの信頼性、監督当局のスタンス、日本からの距離・時差、カントリーリスク（財産の接収、送金停止、テロ・暴動）等の要因を総合的に勘案して決定する必要があります。

なお、オフショアにおけるドミサイルの税制は、将来的に変更となる可能性があります。日本国内の税制も同様です。本稿は税務・制度・その他関連する事項について一切の責任を負いません。キャプティブの設立を検討される際は、必ず国際税務の専門家にご相談してください。

12.1.5 日系キャプティブの事例

日系のキャプティブがどのような目的を持って設立され運営してきたのか、以下の事例が参考になると思います。なお、キャプティブはリスクマネジメントの一つの器であり、新種の保険種目の引受け及び新たな活用法が次々と考案されています。

- ビルや倉庫を多数保有する企業の地震対策
  （強度率が高く、発生そのものは不確実）
- 製品保証引当金の代替手段（出費の平準化）
- ERMの推進母体
- リコール発生時のファンド準備
- 強度率が低く発生頻度が安定しているビジネスの収益狙い

Part Ⅱ

- 保険会社が引受けを渋る案件の受け皿
- 保険会社との交渉力の確保（再保険市場へのアクセス）
- 元受保険会社の損害サービスの活用
- 保険料率の内外価格差による収益機会
- 総合商社によるレンタキャプティブ運営
- 損害率の良好な第三者リスク引受けによる収益狙い
- 相続・事業承継、その他

12.1.6　キャプティブの設立と今後

　キャプティブ設立に関する意思決定は、税制のみならず諸問題[49]を含めた様々な角度からの検討が必要です。具体的には、キャプティブの設立目的の明確化、リスクの分析から始まって、ドミサイル候補地の仮選定、元受保険会社との引受条件交渉と保険設計、事業計画（収益シミュレーションを含む）、税制などキャプティブ設立に伴う予備調査を行います。これをフィージビリティ・スタディと言います。通常、半年程度は要しますので、決算月直前での駆け込み作業はお勧めできません。何より信頼できるコンサルタントによる支援が不可欠なプロセスです。フィージビリティ・スタディで目途がついたら、実際に現地を訪問することをお勧めします。

　米国は法人税を引き下げる税制改革を実施しました。日本でも国際的な競争力を企業に付ける目的で、法人税の引き下げ方針が政府によって示されています。他方、国外財産調書の提出義務の強化、国際的な税務共通情報基準（CRS）などの流れは、一頃増えた米国 IRC§831（b）を利用した節税（税率の内外格差）だけを指向したキャプティブ設立のメリットを減じると思われます。

　しかしながら、伝統的な賠償責任、自動車賠償責任、労働災害（米国の場合は民間保険）、火災（含む地震・ハリケーン）は引き続き堅調であ

り、サイバー関連の賠償責任、事前に取り決めた数値をトリガーとする補償（parametric coverage）など新たな分野を対象としたキャプティブも増えてきています[50]。また、組織全体にわたるリスクに関わる資金調達に多様性を持たせるため、相関関係のあるリスクあるいは相関関係のないリスクの集積または管理の中心（hub）としてキャプティブを活用するようになってきた[51]との報告があります。より洗練されたリスクマネジメント戦略の動きと言えましょう。事業によってリスクは多様であり、キャプティブの設立目的（メリット）も多様です。実際、先に見たように年代によって新たなキャプティブ設立ニーズが現れ、それに対応するように知恵が絞られてきたのです。

　リスクを伴わない事業はありません。キャプティブをリスクマネジメントの推進母体と位置付け、会社の財務戦略に組み込み、適切に運営することができれば、前述したメリットを享受してプロフィットセンターになり得ると考えられます。すなわち、戦略的なリスクテークによる企業価値の創造です。

Part III （補論とキーワード）

Part Ⅲ

✺リスクコスト

東海愛知新聞（2017年11月29日）から許可を得て転載

「リスクコスト」、耳慣れない言葉だと思われますが、初めて聞いても何となく意味は想像できるのではないでしょうか。日本語でリスクと言うと、危険、危ないこと、避けたい事象と言う意味で使われることが多いようです。「リスクがある」「リスクを冒す」といった使い方で、どうも忌み嫌うべきものと受け取られているようである。しかしながら、英語では、take (run) a risk と表現します。その主語は、ⅠやWeで、望むもの（会社ならば利益など）を獲得するために、自分の意思で危険かもしれないことに挑むというニュアンスがあります。リスクはイタリア語の risicare という言葉に由来し、「勇気を持って試みる」という意味を持っています[52]。貴重な香辛料や金などを求めて、未知の大海に挑む船乗りをイメージしてください。コストは値段・費用のほかに、時間や労力の犠牲、損失と言う意味もあります。

事業は必ずリスクを伴い、経営行動を行うと一定期間に何らかの損失が生じる可能性があります。事前には、将来的に発生しえるリスクを発見、その発生頻度と財務的な影響度（強度と呼ぶ）を推定して、経営に影響を及ぼすと判断された潜在的リスクに備える処理手段として、ロス・コントロール（潜在危険の回避、損失予防・損失軽減、分離、結合、移転）とロス・ファイナンス（保有、移転）があり、最適な手段を選択して実行し、その成果を監視し改善を行います[53]。これら一連のリスクマネジメントの目的は、企業のリスクコストを最小化することによって、企業価値を最大化することです[54]。

トラック運送業で考えてみましょう。その業務は、荷主から荷物を受

〈リスクコスト〉

け取り、指定された場所に、指定された日時までに、荷物に損害を与えることなく品質を維持して運ぶことです。誰もが思いつくリスクは交通事故でしょう。リスクをなくすことは簡単です。車両を運行しなければ事故は起きません。しかしながら、それでは収入も無くなってしまいます。リスクは収益と表裏一体であり、収益の源だからです。何も対策をとらないまま運行すれば、一定の確率で、交通事故が発生して対人対物の賠償責任を負うことになります。考えられる対策としては、自動車保険に加入することによって財務的負担を軽減することが挙げられます（ロス・ファイナンス）。また、運転手に対する交通安全講習や運転状況を常時モニタリングするシステムの導入、また提携先への配送依頼（ロス・コントロール）など考えられます。それでも残る、あるいは発生頻度・強度（影響度）がともに小さいものは、あえて対策を打たずに最終的に株主が被ることを選択した方がコストを抑えられる場合もあります（残余的支出）。

　それではリスクコスト、すなわちロス・ファイナンスとロス・コントロール、残余的支出の合計にどれくらいの準備（投資・支出）をすればよいのか、他社はどうしているのか、という疑問が湧いてくるのではないでしょうか。結論から先に言えば、絶対的な基準は存在しません。なぜなら、業界が異なればリスクは全く違うし、企業によっては多角化している場合もあるのです。大きな資産を保有する老舗と、起業したばかりの企業では経済的な蓄積が違うでしょう。仮に大きな資産を持っていても換金性が低いようであれば、条件が異なってきます。そして何より事業リスクに対する経営者の考え方（リスクアピタイトと呼びます）に大きく依存するからである。以下、本稿では、ロス・ファイナンス及びロス・コントロールに絞って考えてみましょう。

Part Ⅲ

〔ロス・ファイナンス〕

　ロス・ファイナンスの手法としては、損害保険を始めとして、デリバティブ、保有（自家保険）、キャプティブ等が挙げられます。その目的は、事故・作業ミス・不祥事等（以下、インシデント）が発生した場合、損失の補てんにより財務諸表の健全性を維持することにあります。インシデントの発生頻度及び強度を基に、コストを加味して適切な手段が選択されます。

　東日本大震災では、多くの工場・製造装置・原材料・完成品等に甚大な損害が発生しました。何百年に一度と極めて稀ながら、企業の経営財務に重大な影響を及ぼしました。このような極めて発生頻度が低いが甚大な状況をストレス損失と呼びます。地震保険に加入していないと保険金が降りないことはだいぶ知られてきています。数十年あるいは数年に1回程度の頻度で発生し、経営にある程度の影響を及ぼすレベルを非期待損失、日常あるいは毎月発生するような予測可能な損失を期待損失と呼びます。企業の財務状況、リスクの種類・強度、経営のリスクアピタイトに依存しますが、一般的には、ストレス損害は損害保険、非期待損害は損害保険または自家保険、期待損失は自家保険で対応するのが合理的と言われています。

　統計的な検証に耐えるデータではありませんが、筆者の長年の損害保険会社勤務の経験によれば、火災保険・賠償責任保険・自動車保険などの損害保険料が売上高に占める比率は、業種に大きく依存し、海外展開の有無にもよりますが、中小企業では概ね0.2～0.4％、中堅・大企業では0.1～0.2％程度です。規模が大きくなると、財務的な蓄積（換金性の高い資産）、規模の経済性、オーダーメードの保険プログラムの提供による不要な補償の削減があるために、その割合が小さくなる傾向があるようです。米国との比較のために労災保険を考慮すると、日本では労災保険は強制保険であり、売上高人件費率と保険料率から計算すると、

〈リスクコスト〉

極端に料率の高い林業や採石業などを除けば、ほとんどの業種は0.1～0.3％の範囲に入ります。これに強度の低い期待損失を加えても、業種・企業規模により異なります。概ね0.3～0.8％と推定されます。

〔ロス・コントロール〕

　ロス・コントロールとは、インシデントが発生する頻度を下げる、または、かつ、発生してしまった時の損害を小さくする活動です。例えば、個人情報の漏洩リスクに対しては、ウイルス対策ソフトの導入やファイアウォールの構築など一連のシステム的な対策を講じる必要があります。しかしながら、操作するのは人間であり、コンピュータシステムは日々の業務で使用します。したがって、役職者に対して、不審なメールは開かない、複雑なパスワードの設定、ワンタイムパスワードの導入、情報漏洩が発生した場合の責任と処罰などについて定期的に教育を実施することが有効です。

　また、海外に進出している企業であれば、赴任する駐在員とその家族に対して、赴任先の言語のみならず、文化・生活習慣や医療制度、治安情報と注意すべき点などを赴任前に研修を行うことが奨励されています。実際、慣れない外国の地で人間関係に悩み、あるいは責任感の重圧から精神的に病み帰国するケースも報告されています。また、中南米をはじめとした発展途上国では日本では報道されていない誘拐が多発していますし、パリやロンドンなど先進国の首都でさえ不特定多数をターゲットにしたテロが起きています。定期的な治安情報の入手や事前研修などは、斯かる事件に巻き込まれる可能性を低く抑えることが期待され、万一、発生した場合でも労働契約上の安全配慮義務（予見義務・結果回避義務）を履行していると主張することができる[55]ので、訴訟リスクを下げる効果があると思われます。これらの赴任前研修・情報収集・シミュレーション訓練、あるいは大企業であればリスクマネジメントの

専門部署のスタッフの人件費もロス・コントールに含まれます。

〔リスクコスト〕

　リスクマネジメントに関わるロス・ファイナンスとロス・コントロールの費用の合計がリスクコストです。英語では、Total Cost of Risk (TCOR) と表記されます。米国のリスクマネジメント団体 RIMS によれば、調査した大企業のリスクコストは、対売上高で 1.055%（2016年版）[56]であり、中堅・中小企業は、その数倍と推測されています。訴訟大国である米国の数値は多少割り引いてみる必要があると思われますが、小職が知る限り斯かるデータは日本には見当たらないので、参考になるのではないでしょうか。

　TCOR は支出（コスト）ですが、財務の健全性を維持するための戦略的な投資です。経営としては計画的（網羅性・継続性）に使われているかモニタリングする必要があります。実際、米国のある企業では勘定科目にサブコードを採番して管理会計に役立てています。日本でもリスクコストが把握できるように、勘定科目に何らかの工夫が必要ではないでしょうか。

❈リスクマネジメントは義務か

　　　　　　　　　『電業特報』に掲載された論考を許可を得て転載

〔リスクマネジメントは時代の要請〕
　経営として、リスクマネジメントへの取り組みは義務なのでしょうか？　答えは、イエスです。新会社法が2006年に施行されたのはご存じのことと思いますが、第362条（取締役会の権限等）第4項第6号において「業務の適正を確保するための体制の整備」、会社法施行規則第100条（業務の適正を確保するための体制）第1項第2号では「損失の危険の管理に関する規程その他の体制」の構築を求めています。まさに、「損失の危険の管理」とはリスクマネジメントのことです。会社法は日本国内にある全ての会社を対象とする法律です。実は会社法以外にも、金融商品取引法（上場企業の内部統制報告書）、労働契約法（労働者への安全配慮義務）、労働安全衛生法改正（化学物質管理、ストレスチェック制度の義務化）、個人情報保護法、公益通報者保護法、過労死等対策推進法、マイナンバー法…など、企業のリスクマネジメントに関わる法律が制定されています。

〔リスクマネジメントの担当〕
　会社法において取締役はリスクの管理体制を整える義務があると言いましたが、それではリスクマネジメンの責任者は誰なのでしょうか。そして実務担当はどうなっているのでしょうか？　これは会社の取り組み方針の問題であり、こうでなければならないということはありません。多分に、企業規模によって異なると思います。上場している大企業であれば、担当役員がいて、リスクマネジメント委員会を設置して、リスク

マネジメント部がある場合もあります。そこまでいかない場合では、総務部、IR 部、コンプライアンス部等の中に室や課を設置している会社、あるいは、兼務の担当者がいるだけといったケースもあります。中小企業では、全ての責任が社長に集中しているかもしれません。ちなみに、海外ではどうなっているのでしょうか。2009 年に実施された、グローバル大企業を対象とした調査結果では、リスク管理責任者の最高職位は、CFO（最高財務責任者）が 34％、CEO（最高経営責任者）21％、非中央集権化 18％、CRO（最高リスク管理責任者）10％の順となっています。以下、財務部長、社長、COO、内部監査、副社長です[57]。

なぜ、最も多くの会社が CFO をリスクマネジメントの最高責任者に指名しているのでしょうか？ それは事件や事故が起きた時、例えば地震による生産設備の倒壊、操業率の低下、販売不振、大規模リコール、個人情報の漏洩、高額の損害賠償訴訟……、大きな経済的損失は企業価値を毀損します。CFO は如何なることが起きようと、決算時の財務諸表に責任を持っているからです。ところが、日系企業では前述したように、総務部門などがコントロールタワーとなっているケースが多いようです。読者の皆さんは、どう思われますか？

さて、リスクマネジメントというと内部統制と相俟って、後ろ向きなイメージが付きまといがちです。「面倒くさそうだな」「今まで特に問題は起きてないよ」「この忙しい時に、余計な仕事が…」といった「やらされ感」反応です。

しかしながら、リスクマネジメントは事故、事件、不祥事から企業を防衛するための仕組みであり、従業員一人ひとりが常日頃から心がけることによって有効に機能するものです。決して、担当部署を設置した、マニュアルを作成したといった形式的なものだけでは実行は覚束かないことでしょう。事件・事故の多くは現場で起きています。「これ本当に大丈夫？」「最近、少し変だな？」「とりあえず、上司に報告しよう」

…、現場におけるフロント・ディフェンス（前線防衛）の重要性を社内に啓蒙することが極めて大切です。そのためには、社長、役員、管理職の理解・リーダーシップが欠かせません。

〔株主の視線〕

　株式会社の起源は、1600年に設立されたイギリス東インド会社と言われています。教科書を読むと、「所有と経営の分離」を可能にする画期的な発明で、無限責任から出資者を守ることによって大きな資本が集められるようになった…と書いてあると思います。ここで日本の株式会社を眺めてみると、オーナー経営の中小企業や取引関係上での株式所有が数の上では圧倒的に多いと思います。このようなケースでは、経営不振に陥らない限り、余り煩い事は言われないかもしれません。一方、上場企業となると顔を見たこともない第三者が大株主として突然現れることがあり得ます。それも物言う株主として、資本の論理、投資効率を重視している機関投資家です。実は、それでも昔は大きな問題にはなりませんでした。なぜなら、以前は金融機関や事業会社の持ち合いによる安定株主がいたので安泰だったのです。ところが、今や外国人投資家の株式保有比率が30％を超え、金融機関や事業会社を凌ぐまでに増えました。また、メインバンク制が十分に機能していた頃は、万一の時も緊急融資が期待できたと思いますが、状況はかなり変化しているようです。更に、土地神話が生きていたバブル期までは「含み資産」という言葉がありました。自己資本（利益剰余金部分）が厚い企業も沢山ありましたが、2000年度からは一般事業会社にも時価会計が導入され、今では死語になっています。

　また、株の投資家はROE（株主資本利益率）を重視するので、有事の際の財務的バッファとして利益剰余金を貯め込むことは許さなくなってきています。自己資本が大きくなれば、ROEは下がるからです。近年、

株主を意識した配当政策（増配、自社株買い）が行われ、配当性向が上がっているのはそのためです。余剰資産が持ち難くなれば、リスクマネジメントへの取り組みが注目されるのは当然の成り行きだと思われます。

　こうした流れを受けてか、上場企業は2003年から有価証券報告書にリスク情報の開示（事業等のリスク）が義務付けられています。リスクのない事業はありません。投資家は経営者に対して、選択した事業領域において、どのようなリスクがあり（認識しているか）、どのような対策を取っているか（具体策）に強い関心を寄せています。そもそも自社の事業リスクを正しく認識していない企業は投資対象とはならないでしょうし、リスク対策が不十分と判断されれば、株価はディスカウントされることでしょう。なぜなら、損益計算書をイメージすればご理解頂けると思いますが、配当の原資は税引き後利益であり、企業価値（DCF法）は、キャッシュフローを割引率（リスクが高いと大きくなる）で除すことによって算出されるからです。少し、株式会社を巡る環境変化の話が長くなりましたが、リスクマネジメントが重要視されるようになった背景がご理解頂けたことと思います。なお、中小企業も本質的には同じです。

〔リスクマネジメントの目的と定義〕

　ここまででリスクマネジメントの大まかなイメージは掴めたのではないかと思います。即ち、事業にはリスクが伴い、リスクはコストが掛かり、リスクコストの最小化がリスクマネジメントの目的です。それは企業価値の最大化に繋がるという考え方です[58]。

　さて、リスクマネジメントの定義なのですが、これまた沢山あります。例えば、前述したISO31000では「リスクについて、組織を指揮統制する為の調整された活動」、JISQ2001では「リスク管理に関する組織

のマネジメントシステムの諸要素」と定義しています。これらは簡にして要を得ている定義ですが、血が通う文章ではない気がするのは筆者だけでしょうか。そこで、本稿では、「現在または将来における、企業の資産の保全や業務の継続を危うくするリスクを、経済的に最適のコストで制度的にかつ継続的に極小化（コントロール）するための経営管理手法」[59]を採用したいと思います。リスクとは何か、リスクマネジメントとはどのような活動なのかご理解頂けたことと思います。

Part Ⅲ

✦ CFOが重視する経営指標の解説

● 第1位：運転資本

　運転資本は事業を行う上での「つなぎ資金」の性格があるもので、例えば流通の場合、仕入れ（キャッシュアウト）と回収（キャッシュイン）のタイミングのズレを賄う資金です。モノやサービスが売れても代金が回収できない、回収できても予定より遅れるようなら、その間の運転資金が必要になります。外部から資金を借り入れるのであれば金利が発生します（手持ち資金でも運用機会を失います）。また、事業が順調に伸びている場合は、良い意味で運転資本は増加します。つまり、CFOは資金需要を予測して、不足するようであれば幾らどのタイミングで必要なのかを把握しなければなりません。なお、運転資本に関する財務の教科書を見ると、いくつかの異なる計算式が掲載されています。

運転資本 ＝ 売上債権 ＋ 棚卸資産 － 仕入れ債務　　　　　　　①式
　　　　＝ 流動資産（現金を除く）－ 流動負債（有利子負債除く）②式
　　　　＝ 流動資産 － 流動負債（有利子負債除く）　　　　　　③式

---

　②式と③式は外部資金の調達額の把握、①式は運転資本の増加（または減少）するかという変化（フロー）に関心がある場合との見解[60]があります。また、流動資産には売掛金や棚卸資産など直ちに支払い手段として使用できないものを含んでいるとの指摘もあります[61]。いずれにせよ、日本では長年の取引実績に基づいた信用取引（売掛金の発生）が一般的に行われています。万一、得意先が資金繰りに窮すると自社まで連鎖倒産に陥る可能性があるのです。

● 第2位：営業キャッシュフロー

　会社が生むキャッシュフロー（以下、CF）には、①事業から生じる「営業CF」、②事業への投資活動を表す「投資CF」、③資金調達・返済、配当などを表す「財務CF」の3種類があります。上場企業は、現金収支の流れを表す「キャッシュフロー計算書」の公表が義務付けられています（キャッシュフロー計算書がない場合、売上高に大きな変動がなければ、当期利益に減価償却費を加えることによって営業CFの概算額が得られます）。CFが（＋）とはお金が会社に入ってくることで、CFが（－）はお金が出ていくことです。営業CFは、会社の稼ぐ力を表す大切な指標であることから、CFOは着目しているのです。一時的に（－）になっても十分な資産があったり、資金調達手段があれば大きな問題にはなりませんが、基本的は（＋）でなければなりません。詳しくは第4章を参照してください。

● 第3位：流動比率

　流動比率は企業の短期的な債務返済能力（安全性）を表す指標で、以下のように計算されます。

　流動資産＞流動負債であれば、支払額よりも受け取る額の方が大きいわけですが、入出金のタイミングの問題もあるので、120％あるいは200％以上が望ましいと解説している本もあります。ただし、平均値は業種の財務構造によって異なります。例えば、鉄道業のようなに日銭が順調に入って、かつ、建設工事費の支払いは遅い業種では、流動資産＜流動負債の関係になります。このようなケースでは、資金繰り的にはむしろ楽であり、100％以下でも問題はありません。一方、介護業界では、スタッフの人件費は容赦なく出ていきますが、すぐに入ってくる自己負担額は1～3割（被介護者の所得による）であり、残りは回収まで数か月を要するので、流動比率が高くても資金繰りは楽ではありません。

Part Ⅲ

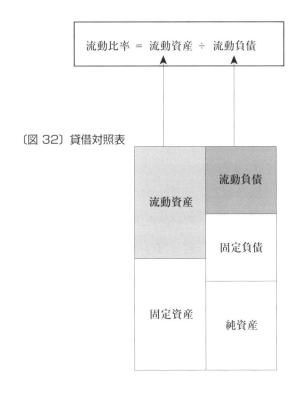

〔図32〕貸借対照表

● **第4位：従業員数に対する給与担当者数比率**

　Payroll Headcount Ratio は、CFO が重視する経営指標トップ 10 の内、唯一定訳が見つからなかった KPI です。その意味するところは、給与（計算）担当者数の全従業員数に対する比率を意味しています。給与担当者は従業員の給与計算やその処理に携わるスタッフのことですが、便宜的には人事部門のスタッフ数を意味します。一方、全従業員数は、基本的には正社員（フルタイム）ですが、業種によっては契約社員やパートタイマーを対象とすることもあるようです。つまり、対象とする範囲の定義は業種によって異なると思われます。なお、一般に米国企業の人事部門は日系企業のそれとは役割が異なり、強い人事権を持って会社横断的に定期異動を主導するようなことはありません。どちらかと

〈CFOが重視する経営指標の解説〉

言うと、給与支払いや福利厚生などバックヤード的な業務が基本です。それも現在では、コストと専門性の観点から相当アウトソーシング（外注）されています。このように考えてくると、Payroll Headcount Ratioは全社にまたがる間接部門に関わる経費率の代理指標として使われているのではないかと推測されます。

● 第5位：ROE

「伊藤レポート」以降、脚光を浴びているROEは、株主が会社に投資して（預けて）いるお金を使って、どれだけ利益を出しているかという割合（％）で示す株主目線の収益性指標です。〔図33〕を参照ください。

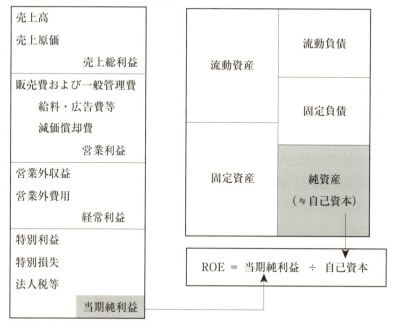

〔図33〕ROE（損益計算書と貸借対照表）

分子の当期純利益は、本業のオペレーションから生じる営業利益に営業外収益・費用（利子など）と特別利益・損失（不動産の売却損益、事故による損失など）を加減し、法人税などの税金を調整した最終利益です。当期純利益は株主に帰属し、基本的にその中から配当が支払われ、株価にも大きな影響を与えます。分母の自己資本は、正確には純資産から新株予約権と非支配株主持ち分を引いたものですが、ほとんどの会社では純資産で代用しても大きな違いにはならないと思われます。ROEが株主資本コストを下回る場合、例え会計上は利益を計上していても、投資家の視点では企業価値を毀損していると評価されます。

それでは市場の平均値はどれくらいなのでしょうか。米国の主要企業は約14％、欧州は約10％と言われています。日経新聞は、2017年度の東京証券取引所第1部上場企業（金融などを除く）のROEは10.1％になる見通しと報じています。データが遡れる1982年以降で10％を超えるのは初めてとのことだそうです[62]。その背景には日本の株式を3割超保有する海外投資家の存在があります。欧米流のコーポレートファイナンスの世界では、投資額に対するリターンの割合で評価するわけですから、加重平均資本コスト（後述）を上回る投資案件があるなら、そのプロジェクトに投資するのは理解できますが、そうでなければ企業の所有者である株主に還元するのは当然の論理です。換言すれば、明確な目的がないにもかかわらず、経営の安定のために内部留保することは許されるべきことではないのです。

それでは、ROEを改善するにはどうしたらよいでしょうか。計算式を見れば一目瞭然ですが、分子を大きくするか、分母を小さくするか、またはその両方を行えばよいことは小学生でも分かります。しかしながら、分子（当期純利益）は懸命に励んだ結果のはずですので、そう簡単には上げられないでしょう。一方、分母（自己資本）は、株主に配当や自社株買いで積極的に株主も還元すれば（総還元性向を上げる）、分母は

小さくなるので高めることができます。

経営の安定、何かがあった時のため（＝明確な投資目的ではない）に内部留保するが許されなくなってきている昨今、その何かあった時のリスクヘッジ手段の主要な方法が、保険であることを指摘したいと思います。

- **第6位：当座比率**

流動比率よりも更に支払い能力を厳しく見る指標で、酸性テストとも呼ばれます。流動資産の中で直ぐに資金化できる資産と1年以内に支払う資産との比率です。製造業では100％以上を超えている必要がありますが、非製造業ではそれよりも低い数値の場合もあります。

当座比率 ＝ 当座資産 ÷ 流動負債

当座資産は、流動資産から棚卸資産を除いたもので、具体的には現金預金、受取手形、売掛金、有価証券のことを指します。

- **第7位：負債比率**

長期的な観点から他人資本の安全性を評価するための指標です。

負債比率 ＝ 他人資本 ÷ 自己資本

たとえ他人資本に相当する金額を失っても、同額の資産が保持されるという意味からは100％以下が一応の目安になります。ただし、財務レバレッジを利かせた方がROEが高くなるので、業種と資本政策によります。

- **第8位：支払勘定回転率**

支払勘定回転率は、支払勘定とは商品や原材料等を仕入れたことによる支払わなければならない債務で、売上高を割ることによって得られる

回転率です。筆者が知る限り対応する指標が日本の財務分析手法には見当たりません。

● **第9位：売上債権回転率**

売上債権回転率は、商品やサービスの販売代金の未回収額を示す売上債権（売掛金＋受取手形）で売上高を割ることによって得る回転率（効率性）を表す指標です。売上債権は前期末と当期末の平均値を使います。

$$売上債権回転率 = 売上高 \div 売上債権$$

いくら営業が頑張って売り上げを立てても、代金が回収されなければ大変なことになります。売上債権の残高が売上の規模に比べて妥当な範囲か、無理な販売政策をとって信用が膨張していないか、特に会社が成長過程にある場合には、大きくなる傾向がありますので注意が必要な指標です。

● **第10位：棚卸資産回転率**

製品や商品に投下されている資本の効率を見る指標です。回転率（回）は高い方が基本的には良いのですが、高すぎると欠品して顧客の注文に直ぐに応えられない可能性があり、低いと棚卸資産が過剰と判断されます。棚卸資産は当・前期年度末の平均値を使います。

$$棚卸資産回転率 = 売上高 \div 棚卸資産$$

注意しなければならない点は、不良在庫の存在です。在庫の不良化には、品質面の劣化と流行遅れによる陳腐化があります。

以上が、CFOが留意している経営指標です。将来を見据えた経営戦

略や事業ポートフォリオは成長のために重要なミッションですが、その前にいかなる理由であれ資金ショートすることは会社の死命を左右する以上、CFOの最も重要な役割なのです。これらの全てがリスクファイナンス、保険に関連するわけではありませんが、「彼（敵）を知り、己を知れば、百戦殆うからず」です。

Part Ⅲ

BCP（事業継続計画）

『電業特報』（平成28年2月3日）に掲載された大森英直氏との共著「BCP策定の重要性と運用方法」を加筆修正して掲載した『東海愛知新聞』「大震災と企業の事業継続①〜⑥」を新聞社の許可を得て転載

― BCPとは何か？ ―

　今回からシリーズで中小企業向けに大災害等を対象とした事前対策についてお話しをしたいと思います。東海地区は大震災が心配されている地域です。その主因である南海トラフは、マグニチュード8〜9級の地震が30年以内に起きる確率は60〜70％との予想でしたが、最新の調査では、東海沖にこれまで知られていなかった地震の巣（エネルギーが溜まっている歪）があることが分かったと報道されています。文献によれば100〜150年毎に大地震の記録があるようですが、2000年前の地層から更に大きな地震があったことが確認されました。場所によっては高さ30ｍの津波が押し寄せる可能性があるとのことです。

　震源となるユーラシアプレートとフィリピン海プレートは何百何千年という単位で活動しているわけですから直ちに危険とは言えないでしょうが、いつどのような規模の地震が発生するか予測ができない以上、大災害は必ず起こるものと捉え、事前に対策を考えることは企業経営上極めて重要なことではないでしょうか。そうした事前対策を「事業継続計画」（英語ではBusiness Continuity Plan。以下、BCP）と言います。

　BCPは大地震のみならず、台風、パンデミック、事故・不祥事などにも有効です。2001年9月、アメリカ同時多発テロ事件に巻き込まれた数社の金融機関は、自社が入居する世界貿易センタービルが使用不能になった場合を事前に想定した対応計画を立てていたことにより、事件

発生時に全従業員を無事に避難させ、その後即座に代替施設に移転することができました。そして中核事業を早期に再開、業務を復旧させたことでBCPが世界的に注目されるきっかけとなりました。

BCPとは、災害発生時に重要業務を中断させない、もし中断した場合でも受容可能なレベルまで早期に業務を復旧させることを平時から検討・計画を立てておくことを意味します。

2011年3月、東日本大震災発生時、宮城県の某リサイクル会社は、地震発生1時間後、工場に10m超の大津波が到達して罹災しました。直ちにBCPを発動し、本社機能を民家に移転、中核事業（廃油精製、油水加工、収集運搬、顧客対応）を優先復旧させました。中核事業である廃油精製を他県のリサイクル会社へ依頼し、1週間後には業務を再開させることに成功しました。BCPを発動させて生き残った企業経営者の多くが「BCPを策定していなければ、どうしていいのか皆目検討がつかなかった。ただ途方に暮れていたか、その場しのぎで闇雲に動いていたかと思う」と証言しています。

ある調査会社のデータによると、東日本大震災が発生してから3ヵ月後に、震災関連の倒産件数がピークを迎えています。この時期を境に、リスクを想定して事前にBCPを策定し、いち早く復旧を成し遂げた企業と、そうでない企業との命運が分かれたのではないでしょうか。BCPを作れば助かるという保証はありませんが、生き残る確率が高くなることは疑う余地がありません。貴社はもしもの時を想定して、BCPを策定されていますか？

― リスクの見える化 ―

BCP（事業継続計画）は、紙上で作るだけなら1日で作れますが、使えないものを作っても意味がありません。実践的なBCPを作るには、以下の前提条件を守る必要があります。

Part Ⅲ

■経営トップがBCP策定の必要性を認識する
■各部署からの選抜者で構成されるBCP策定チームを組織し、チームリーダーを選任し、リーダーシップを発揮できる権限と環境を与える
■BCP策定においてはチームが主体となる(コンサルを使う場合でもセカンドオピニオン程度に考える)
■BCPが本当に機能するのか訓練や演習を実施し、常に検証を行う

　BCPは地震リスクだけを対象にしたものではありません。自然災害、事故・不祥事、パンデミックなど、企業によって優先すべきリスクは多種多様です。よってBCPを策定する前に、まず自社の業務にどのようなリスクが潜在しているのか見つける作業(リスクサーベイ)を行い、また並行して各種ハザードマップ(洪水マップ、揺れ易さマップ、火災危険マップなど)と自社周辺地図を使って、自社の立地においてどのようなリスクがあるのかを検証する演習を行います。

　リスクサーベイと演習の2つを組み合わせて実施することで、自社を取巻くリスクを把握でき、顕在化したそれら一つ一つのリスクを、下記の①財務的影響と②発生頻度(3段階)の指標で分類します。

〔図34〕リスクマップの事例

① 財務的影響(損害規模)
　大:人命喪失や倒産に至る程の損害
　中:大、小いずれも該当しない損害
　小:手持ち資金で何とかなる損害
② 発生頻度(可能性)
　多:1年に1度以上の頻度
　中:多・少いずれにも該当しない
　少:一生に1度経験する程の頻度

財務的影響度			
	情報漏洩 使用者賠償	パンデミック 水害	地震津波 (Ⅰ)
	火災 知的財産	風評被害 (Ⅱ)	?
	盗難 (Ⅲ)	労災問題	自転車事故

発生頻度(可能性)

①財務的影響度に②発生頻度を乗じて各々のリスクの大きさを決めます。

| リスクの大きさ | = | ① 財務的影響度 | × | ② 発生頻度 |

前式で求められた各々のリスクの大きさがどこに当てはまるのか、〔図34〕のようにマッピングを行います。横軸は発生頻度、縦軸が財務的影響です。こうしたマッピング作業で完成したリスクマップは、どのリスクからまず対応するべきか優先順位を明確に示してくれます（経営の見える化）。まず（Ⅰ）にあるリスクから優先してBCPを策定し、次に影を付けた（Ⅱ）、更に（Ⅲ）のリスクを…といった感じで自社にとって対応が必要なリスクに対してBCPを順次取り組みます。自社のリスクが見えてきましたか？

―BCPの策定―

今回は、いよいよBCP（事業継続計画）の策定に入るのですが、その前に前回までの復習をしてみましょう。第一回では、大震災が懸念される東海地方において、会社を守るためにBCPがいかに大切かについてお話しました。また、BCPは大地震以外の自然災害、パンデミック、事故・不祥事にも有効なことにも触れました。第二回では、経営する会社が潜在的に曝されているリスクを発見して、経営にとってリスクを見える化する方法について説明しました。

それではBCPの策定に入りましょう。最初にしなければならないことは、「BCP基本方針」を決めることです。経営トップとBCP策定チームで「ワークショップ」の場を設け、危機発生時における自社のあるべき姿が明確になるように、十分な時間を設けて詰めてください。基本方針の定まっていないBCPなど実際の危機発生時に役立つはずがありません。策定しても作っただけで実際に運用されていないBCPの多く

が、この基本方針がしっかりと作られていないように感じられます。基本方針の策定においては、危機遭遇時にステークホルダー（利害関係者）とどのように連携をとっていくのか、自社の事業継続体制の指針をどう示すのか、そしてそれらを経営者自身の言葉でどう社会に発信していくのかが重要になります。

次に、BCP作成上での留意点と決定事項について述べます。BCPの策定ツールは「中小企業庁BCP策定運用指針」として中小企業庁のホームページに公開されていますので参考にしてください。BCP策定チームのリーダーが中心となり、まずは短時間で一気に紙上にてBCPを作成してみてください。完璧なものでなくても構いませんので、まずは作ってみることです。以下では、作成の際の留意点と主な決定事項を挙げてみましょう。

■ 留意点
・コンパクトにまとめる（シンプルに）
・時系列に沿った内容となっている。特に初動30分の対応に焦点を当てる
・BCP本体よりも緊急連絡先一覧や備蓄品リスト、役割分担表などといった「付属様式」をしっかりと作り込む

■ 主な決定事項
・自社の優先事業（コア事業）を決める
・目標復旧期間（時間）を決める
・被災状況や時間的状況の想定
・指揮命令のトップの代行順位を決める

さらりと書いていますが、実は始めの2項目は、極めて重要な事項です。被災している状態であれば、あれもこれもと欲張るのは現実的ではありません。製造業の場合で考えてみましょう。自社が被災して製品を納入できない場合、代替品を供給できる競合他社にお客様を奪われる可

能性があります。逆に、競合他社が復旧できない状況の時にいち早く商品を供給できる態勢になればチャンスと言えましょう。何を、いつまで、どれくらい、復旧するのかの意思決定は重要なことです。目標復旧期間についての検討方法は色々ありますが、主要顧客に許容範囲（時間）を尋ねてみるのも一つの方法です。

　また、指揮命令のトップを第5順位まで決めることは、危機発生時に組織を混乱させないために必要なことです。平常時においても、社長と次席の役員は、出張時に同じ交通機関には同乗しないなどの規則を決めるイメージです。

　―BCPのブラッシュアップ―
　策定したBCP（事業継続計画）を演習することによるブラッシュアップです。紙上で完成したBCP（付属様式含む）は、BCP策定チーム全員で「読み合わせ演習」を行ってみてください。本当に策定したBCPが有効に機能するのか、皆で議論・検討しながら加筆・修正します。このプロセスを経て自社のBCPを完成させていきます。そのプロセス上で、次の5つの対策を最低限検討するようにしてください。
　対策①　資金問題（キャッシュフロー）：　先に述べたように東日本大震災発生3ヵ月後に震災関連の倒産件数がピークを迎えている点を考慮すると、固定費の3ヵ月分を災害時の準備資金として確保することを目標に、キャッシュフロー対策を講じる必要があります。資金調達にあたっては、自己資金だけでなく災害復旧融資や損害保険といった手段も合わせて検討していくことが現実的です。
　対策②　トイレ問題（衛生問題）：　阪神・淡路大震災や東日本大震災の避難者が口を揃えて大変だったと言うのがトイレの問題です。災害時には水は使えなくなるものです。上下水道の復旧には1カ月程度を想定しておくべきです。トイレを清潔に維持しなければ、避難者の抵抗力

が下がり、感染症の蔓延に繋がります。特に女性は衛生的でないとトイレを我慢する傾向にあり、それによって体力が低下して感染症に罹り易くなると言われています。しかし、簡易トイレは高額かつ膨大な量を備蓄しなければならないため、コストと収納スペースが課題となります。代替案として、ゴミ袋・大人用オムツ・便凝固殺菌剤・手洗い用アルコール消毒液を節約型簡易トイレとしての代用が現実的かもしれません。なお、一日に大便は1回、小便は3回の使用毎に簡易トイレ等を交換することを緊急時のルールとして決めておけば、備蓄量を軽減できます。トイレの運用は、緊急事態と割り切って男女共用とし、大便と小便にトイレを分けて使用することをお勧めします。

　対策③　代替案の検討：　現地での復旧が無理な場合は、自社の他拠点、それが駄目なら他社設備で代替するといった「代替案」を事前に検討することが必要です。そのためには、まず自社がBCPを策定していなければ、他社と協定を結ぶことなどできないのは言うまでもありません。二系統、三系統と事前に考えて実行することはリスクマネジメント（守りの経営）の基本です。

　対策④　安否の確認：　東日本大震災の震災当日に某企業が提供した安否確認サービスが、ネットワークに輻輳が発生したため一時利用できないという事態が発生しました。この事例からも安否においても複数の手段を講じる必要性があります。災害用伝言ダイヤル171（公衆電話は一般の電話より繋がり易く、災害時には無料で使用できます。ただし、通話時に十円硬貨が必要）、携帯電話、災害用伝言板WEB171も併用して運用されることをお勧めします。安否確認は会社から従業員に連絡をするトップダウンではなく、従業員から会社へ連絡させるボトムアップが基本です。なお、これらの安否確認サービスは、全従業員が使いこなせるか平時からチェックする必要があります。

　対策⑤　データのバックアップと電源：　江戸時代「火事と喧嘩は江

〈BCP（事業継続計画）〉

戸の華」という言葉があり、当時江戸の街は大火が頻発し、江戸商人が避難する際に真っ先に持ち出したのが「大福帳」（顧客台帳）だったと言われています。現代においても顧客台帳は企業にとって決して喪失してはいけない重要な財産であり、顧客データのバックアップは必要不可欠です。クラウドの活用も有効な手段の一つと言われています。また、電源の確保も重要な課題です。なぜなら、災害時に電力は一週間程度は復旧しないことを前提に検討する必要があるからです。無停電電源装置（UPS）は一時的なものであり、自家発電装置がある場合でも燃料の備蓄はどれくらいあるのでしょうか。つまり、様々な手段から電源をどう確保するのか検討する必要があるのです。例えば、ノートパソコンの電源を車両のシガーソケットから取ることができる商品なども販売されているので、これらを活用すれば、緊急時の顧客対応が可能となります（そのためには、平常時より社有車の燃料を常に満タンにしておくよう従業員に指導する必要があります）。

　以上、見過ごされがちな5つのポイントとその対策について列挙してみました。貴社のBCPのブラッシュアップにお役立てください。

　さて、これでBCPが一応完成したわけですが、定期的に訓練や図上演習を行って、自社のBCPが実際に使えるのか継続して検証することが大切です。連載の第一回でお話しさせて頂きましたが、東海地方はこれまでの調査からも大震災が心配されている地域であり、厳しい状況下でも企業としては生き残らなければなりません。創立記念日や研修などに合わせて、「防災」をテーマとした教育の時間を設けて訓練や演習を行えば、実施しやすく、且つ社内の理解も得られやすいのではないでしょうか。

　また、従業員が会社にいる時にだけ罹災するとは限りません。従業員が在宅時に罹災することも想定し、従業員に対して自宅での備蓄や家具転倒防止に努めるよう教育する必要があります。家庭での防災教育を行

わなければ、緊急時に出勤できる従業員がほとんどいないという状況に陥る可能性があります。お金や財物が大丈夫でも、従業員が無事に出勤できなければ事業を早期に復旧させることなどできません。家庭の防災が事業継続の要の一つとなることも十分に理解する必要があります。

以上の2点(「訓練・演習」と「家庭の防災教育」)をBCP策定後も継続して行ってください。BCPにおけるPDCAサイクル(plan-do-check-act cycle)を貴社内に構築していってもらいたいと考えます。

―BCPの意義―

今回が連載の最終回となります。筆者はそのキャリアの大半を損害保険業界で過ごしました。その経験から言わせてもらえば、相対的に欧米人は「災害や事故は必ず起きるもの」と考えてリスク対策に取り組み、日本人は「災害や事故は起こらないもの」と考えて、リスク対策を軽視する風潮があるように思えてなりません。そういった日本人によく見られる現象を「正常性バイアス」と言います。すなわち、「あのような災害や事故は自分(自社)には起こらない、関係ない」、「自分(自社)に何かあったら誰かが助けてくれる」といった、無意識の内にリスク感覚を打ち消す心の働きを指します。誰かが助けてくれるという期待は、政府や地方公共団体による「公助」であり、普段から付き合いのある会社や知り合いによる支援が「共助」だと推察されます。しかしながら、ここで現実的に考えてみましょう。もし、南海トラフを震源とする大地震が発生したとしたらどのような状況になるでしょうか。交通の大動脈である東海道は寸断され、司令塔たる首都東京も被災するかもしれません。同じく被災している近隣からのタイムリーな支援は期待薄です。海外からの援助もあるでしょうが、一定の時間は掛かります。基本的に、自分の生命や財産は自ら守るという「自助」の精神が大切ではないでしょうか。

〈BCP（事業継続計画）〉

　ところで、筆者は、BCP（事業継続計画）は単に防災や減災のためにあるのではなく、経営管理の視点で見ると、「社員教育」と「自社のブランディング向上」のためにあるのではないかと感じています。実際に演習を経験された従業員を見ていると、その意識変化には目を見張るものがあります。また、BCPの策定や演習を通して社内のリスクコミュニケーションを深めることは、従業員一人一人のリスク感覚を高め、ビジネスエシックス（企業倫理）という側面において大いに役立ち、最高の「社員教育」になると考えます。

　他社との差別化や付加価値の創造が難しい昨今、BCPは「自社のブランディング向上」に効果を発揮します。顧客や取引先は、あなたの会社をサプライチェーンとして本当に相応しい相手なのか常に見極めようとしています。BCPは、災害発生時に重要業務を中断させない、もし中断した場合でも受容可能なレベルまで一定時間内に業務を復旧させる仕組みです。BCPへの取り組みを通じて、「しっかりした企業」というブランドイメージを構築すれば、取引先から信頼できる会社として選ばれる可能性が高くなります。もしかしたら、営業面にプラスの効果をもたらし、売上アップに繋がるかもしれません。BCPを防災・減災だけで捉えるのではなく、「社員教育」と「自社のブランディング向上」に繋がる経営に必要なアイテムとご理解頂ければ幸いです。

　本稿では大地震を想定した議論を中心にしましたが、BCPは、台風、パンデミック、事故・不祥事などにも有効な仕組みです。本稿が貴社にとってBCP策定を行うきっかけとなり、激化する競争や押し寄せる危機の波に打ち勝ち、永続的経営（ゴーイングコンサーン）を実現されることを願ってやみません。

Part Ⅲ

❉リスク分析（ケース：電気設備業界）

　本稿は、（株）電業調査会の『電業特報』に掲載された「経営とリスクマネジメント」という論考を、同社の許可を得て一部修正して転載するものです。

　──営業・戦略編──

〈電設業界のリスク〉
　今回から電設業界特有のリスクについて考えてみたいと思います。リスクを洗い出す方法についてはこれまで幾つかの手法に触れましたが、ここでは有価証券報告書からアプローチしてみたいと思います。有価証券報告書は主に上場企業が作成するものですが、その中に「事業等のリスク」という法定開示項目がありますので、企業が抱えるリスクを検討する上で大変参考になります。
　〔表14〕をご覧ください。独立系または系列色が比較的薄いと思われる電気工事会社、電設資材商社を各3社選んでみました。リスクの種類としては合計で20項目あり、①戦略・営業、②財務・市場、③法務、④事故・災害の4分類で整理してあります。自社の抱えるリスクと比べてみてください。如何でしょうか？
　これらのリスク項目を、自社でコントロールできるリスク、全くコントロールできないリスクに分けて考えてみましょう。例えば、価格競争・競合は、調べた6社中5社が挙げている重要なリスク項目です。これらは、景気、財政政策（投資減税、住宅減税・住宅着工数など）、大災害の発生、オリンピック開催などの影響を受けます。経営としてどの事業セグメントで勝負するかという戦略的な自由度はありますが、これら

〔表14〕有価証券報告書における事業リスク

事業リスク		電気工事業			電設資材商社		
		A社	B社	C社	D社	E社	F社
戦略・営業	価格競争、競合	✓	✓	✓	✓	✓	
	特定取引先への依存	✓	✓			✓	✓
	人材確保・育成、労務費	✓	✓				
	M&Aによる事業拡大				✓		
	住宅着工数						✓
	海外事業			✓			
財務・市場	債権管理		✓	✓	✓	✓	✓
	素材価格の変動		✓	✓	✓		
	保有資産の評価				✓		✓
	為替相場の変動			✓			
	天候リスク				✓		
法令	法令違反	✓	✓	✓			
	規制・制度変更		✓	✓	✓	✓	
	品質保証				✓		
	知的財産				✓		
	情報管理	✓					
	関連当事者との取引						✓
事故・災害	工事事故	✓	✓	✓	✓		
	自然災害	✓			✓		
	偶発事故（賠償責任）			✓			

各社の有価証券報告書の事業リスクから筆者作成

のリスク要因は基本的にコントロールできません。また、価格競争も需要と供給を巡る市場環境に左右されます。これらのいわゆるトップラインはリスクマネジメントの切り口による議論には馴染み難い側面があります。当然ですが、天候リスクも人知の及ぶところではありません。保有資産の評価、銅をはじめとした素材価格や外国為替の変動も一企業がどうにかできるものではありません（ただし、商品先物や先物予約等によって、一時的、部分的にヘッジすることは可能ですが…）。一方、工事現

場での事故や交通事故は、従業員に対する教育や管理体制を強化することによって、ある程度防止できるのではないでしょうか。また、心配される首都直下型大地震については、その発生時期、規模は、現代の科学では残念ながら正確に予測することはできません。しかしながら、被害を軽減化する準備（リスクコントロール）はある程度可能であり、地震保険に加入することによって万一の際のキャッシュフローを一定程度確保すること（リスクファイナンス）も検討に値します。

　本稿では〔表14〕を横目で見つつ、企業が努力して取り組むことによってある程度リスクコントロールが可能なもの、また、リスクファイナンスにおいて一定の財務的ヘッジ効果が期待できると思われるものについて考えて行きたいと思います。今回は、戦略・営業リスク編です。

〈特定取引先への依存〉

　電気工事会社のA社とB社は、売上高構成の大きい特定取引先への依存を挙げています。何らかの理由で設備投資が急激かつ大幅に削減された時の業績への影響です。このケースでは鉄道会社ですが、電力会社、ゼネコン、ハウスメーカー、工場などから受注する業界であることから、企業規模が違っても同じような受注構造があるのではないでしょうか。営業効率とリスク分散のバランス（経営方針）が問われるところです。

　電設資材商社のE社とF社は、販売代理店契約によって特定仕入れ先に依存している点を挙げています。メーカーの供給体制に問題が生じた時や何らかの事情で代理店契約が解除される事態を想定しているのでしょうか。なお、E社は商品の販売においては全体に占める割合が5％を超える取引先はなく、特定の取引先に依存するリスクは低いとしているので、意識的にリスクを分散しているようです。

〈人材確保・育成〉

　電設業界は労働集約的な業界であり、製造業のように賃金の安い新興

〈リスク分析（ケース：電気設備業界）〉

国で製造したり、夏季に暖房器具を製造して冬場に向けて大量在庫を持つというようなことはできません。しかも、作業に携わる電気工事士は国家資格が必要であり、人材の採用・教育、確保がリスク要因として挙げられています。

労働安全衛生法が改正され、50名以上雇用する事業者には「ストレスチェック」が義務付けられました。50名未満では努力義務ですが、ないがしろにはできません。物理的な労働環境はもとより、長時間残業やパワハラなどメンタル面で問題があるようであれば、せっかく採用した人材が会社を去るかもしれないからです。時間を掛けて育成した従業員が去ることは大きな損失です。また、外注は市場価格を反映すると思われますので、労務費のアップ要因となります。

これまで男性社会と見られてきた電設業界ですが、近年では電気工事士試験の受験者に女性が増えてきました。セクハラやマタハラなど従前には考えなくてもよかった労務リスクを抱えるようになってきました。

こうした労働環境、メンタルヘルス問題については、役員はもとより職場の管理職に対する教育が事前の対策として重要です。万一、問題が発生してしまった場合、医師等によるカウンセリングなどの対策をとる必要があります。アウトソーシングサービスを提供する企業もありますし、一部の損害保険会社では、保険の付加サービスとして提供しています。また、企業規模が大きい場合ですが、いじめや不正などを内部告発し易くする内部統制の仕組みとして「相談窓口」を設置している会社もあります。

このような雇用慣行問題はこじれると大きな問題となり、職場環境が悪化することが懸念されます。最悪、パワハラ・セクハラなどで退職した場合は本人から、また、長時間労働などが原因で自殺に至ったケースでは遺族から、直接関わった上司、先輩、同僚は勿論のこと、直接関与していない役員も訴えられる可能性が指摘されています。役員は従業員

とは異なり、会社法上は会社とは委任関係（会社法330条）にあります。即ち、善管注意義務（民法644条）、忠実義務（会社法355条）があるのです。訴訟を提起されて賠償責任が生じた場合は、会社ではなく役員個人として責任を負わなければならなくなるケースが考えられます。最悪の場合、長年貯めた老後資金を賠償金の支払いのために失うというリスクがあるのです。その時効は10年ですので、退任後、あるいは役員本人の死後に財産を相続した子孫に影響が出ることも考えられます。このような悲劇を防ぐ保険も損害保険会社によって開発されています。

〈M&Aによる事業拡大〉

　事業を成長させる方法は大きく分けて3つあります。即ち、時間が掛かっても自分で成長する（自助努力）、借りる（業務提携）、買う（M&A）です。それぞれ一長一短がありますが、M&Aは主要な成長戦略手段として地位を固めつつあると思います。しかしながら、リスクも存在します。M&A後の経営、企業文化の統合などについては多くの優れた専門書に譲るとして、本稿では余り知られていない買収に伴う潜在・偶発リスク（例、訴訟などの未確定事項、租税債務、製造物責任、売掛金の回収可能性、資産状態、ほか）に焦点を当ててみましょう。

　M&Aを行う際には被買収企業の問題点の洗い出しと買収価格の算定を目的としたデューディリジェンスが弁護士や公認会計士によって実施され、契約内容、買収価格に反映されます。

　買収のクロージング時点で、買収価格の前提となっている潜在債務や偶発債務が存在しないことを売り手に宣言させることを表明保証と言い、契約書に盛り込まれます。隠れた債務も含めて買収前に発生した一切の負債を継承する株式買収では、債務に関する売り手からの表明・保証は特に重要です。

　リスクヘッジの方法としては、売り手が供託金を積むほか、M&Aの盛んな欧米では表明保証保険（Representations and Warranty Insurance）と

〈リスク分析（ケース：電気設備業界）〉

いう保険が活用されており、日本でも大手保険会社が取り扱っています。

〈海外事業〉

　平和な日本に居るとつい忘れがちになりますが、海外の進出先によってはカントリーリスク（暴動・内戦、テロ、誘拐、資産の国有化・接収、外貨交換・送金の停止、知財権の濫用、不公平な裁判、公務員の汚職など）および二重課税などに留意する必要があります。これらは政治的、経済的、文化的要因などから生じるものであり、一企業がどうにかできる問題ではありません。対策としては、政治的情勢を常時モニタリングして備えておくことが肝要です。

　一方、ビジネス上の経済的な損失に対しては、海外投資保険（独立行政法人日本貿易保険）、ポリティカルリスク保険・輸出信用保険（損害保険会社）などが開発されています。海外にある事業所に関するリスクとしては、火災やタイで発生したような洪水など施設・財産に関わる保険と海外における活動に起因する賠償責任を補償する保険は、基本的に現地で手配する必要があります。これを現地主義と言い、保険付保に関わる規制です。

　最近注目されている事項として、現地従業員の雇用慣行問題が挙げられています。日本では大したことはないと思われることでも、文化・習慣・法律の異なる国では、大きな訴訟問題に発展することがあります。また、駄目もと、あるいは言いがかりで訴えてくるケースもあるでしょう。そのような場合でも、対応するには費用が掛かります。まずは、赴任前研修でそのようなことが起きないように駐在員・出張者を教育することが大切です。万一の場合に備えて、腕利きの弁護士へのアクセスと費用負担を回避するために、雇用慣行賠償責任保険に加入するというのも一考です。

　次に、駐在員とその家族に目を転じると、海外赴任中のケガ、病気の

治療実費については、海外旅行傷害保険（損保会社）が開発され普及しています。言語・生活習慣の異なる海外での暮らしはストレスが溜まりがちです。赴任前研修によって、現地の生活情報、習慣等を渡航前にインプットすることは対策として極めて有効です。赴任前研修および赴任先で精神的な問題を抱える駐在員とその家族向けにサービスを提供している企業もあります。

　ところで、先進国・新興国を問わずテロは起きていますし、日本ではほとんど報道されていませんが、地域によっては身代金奪取目的の誘拐事件が多数発生しています。その背景には政治・宗教・イデオロギー的なものと、経済格差（貧困問題）が原因となっているものとがあります。万一、誘拐事件が発生した場合、事は人命に関わることであり、解決に向けた交渉等を担うプロの危機管理コンサルタントを雇うのが世界の常識となっています。しかしながら、そのコンサルティング費用はかなり高額です。余り知られていませんが、その費用を補償する保険も既に開発されています。少し海外事業の話が長くなってしまいましたが、日本では考えられないリスクが実際あるのです。外部のサービスベンダーや保険会社の提供する付加サービスを上手く使うのも一考に値すると思われます。

―事故・災害編―

　今回は、事故・災害編をお届けします。工事に伴う人的な事故、自然災害、偶発事故による賠償責任について考えてみたいと思います。
〈工事事故〉
　工事に関連する事故から始めましょう。事故データとしては、中央労働災害防止協会[63]が公表している労災事故（電気通信工事）があります。電気通信というカテゴリーですので、ぴったりではないかもしれま

〈リスク分析（ケース：電気設備業界）〉

せんが、傾向は掴めると思われます。期間的には平成21年度から26年度にわたり、①事業場規模別、②被災者年齢別、③事故の型別、④起因物別を切り口として分析しています。

事業場規模別には、平成26年度では、1～9人が45.8%、10～29人が30.9%であり、累計では76.7%を占めています。電気工事業者の規模としては圧倒的に中小企業が多いことから頷ける半面、就業者数に対する割合ではどのような結果になるのか気になるところです。

被災者年齢別では、30～39歳が24.3%、次いで40～49歳が21.7%と高くなっています。就業者数（分母）が分からないので何とも言えませんが、時系列でみると40～49歳、60歳以上の事故件数が増加傾向にあります。もしかしたら、現場作業員が徐々に高齢化しているのかもしれません。

事故の型別が最も気になる切り口です。最も事故件数が多いのは墜落・転落で34.9%、第2位は転倒11.7%、第3位は挟まれ・巻き込まれ10.3%、第4位は交通事故（道路）6.9%、第5位は飛来・落下6.3%の順となっている。ちなみに、感電は3.5%で第10位となっています。第1位の墜落・転落は、屋外の高所もさることながら、屋内でも吹き抜けになっている場所などでは足場があっても命綱の装着を励行する必要があります。第2位の転倒は、脚立の転倒などでしょうか。高さはそれ程ではなくても打ちどころによっては、大事に至ることがあります。第4位の交通事故（道路）は、通勤途上及び工事現場への移動中の事故だと思われます。社有車の場合、工事現場への移動中には複数の人が同乗することが多いと思われます。従業員の安全確保、納期を守るためにも事故を起こさない工夫が必要です。伝統的な交通安全講習に加えて、事故に繋がり易い急発進・急加速、スピード違反をモニタリングしてタイムリーに上司に通報するシステムが既に開発されています。導入を検討されては如何でしょうか（以上、リスクコントロール）。なお、起因物別で

は、電気設備（5.6％、35件）が第5位に入っています。感電事故が22件ですので、電気設備における感電以外の事故が13件あるようです。

　こうした工事現場を中心とする作業員の事故に対する補償としては、政府労災保険があります。しかしながら、被災者本人の生活保証、亡くなった場合の遺族補償という面では必ずしも十分とは言えません。ましてや、事故の態様によっては、会社の管理者責任が問われて高額な賠償となった判例も見られます。そのような場合の準備として、雇用賠償責任保険や傷害保険などあります。近年では、完工高・売上高ベースで加入・実績報告の手続きが簡略化されている保険も開発されています。

　また、万一の事故に備えて、自動車保険に加入するのは当然のことですが、事故頻度の高い車両保険については、一定の免責金額（自己負担金額）を設定して保険請求確率を下げることも、ケースによっては、長期的には保険料を節約する賢い加入方法かもしれません（リスクファイナンス）。

〈自然災害〉

　次に近年何かと話題となっている大震災について考えてみましょう。大地震は、いつ、どこで、どのような規模で起きるのか、現代の科学では残念ながら予測ができません。一方、不謹慎とのお叱りを受けることを覚悟で言えば、大震災の発生は復旧・復興需要が生じるので、電設業界にとっては一大ビジネスチャンスの到来と言えましょう。つまり、大震災と電設業界企業の業績とは高い相関関係があるのです。その際、自社の事務所・資材倉庫が倒壊し、従業員の多くが被災、資材が滅失しているようではビジネス機会を逃すことになり、延いては社会インフラを支える企業として社会に貢献できないことになりかねません。

　対策としては、事業所の建物を十分な耐震構造（できれば制震・免震構造）にする（またはそのような建物を借りる）、オフィス家具等が転倒しないようにしっかりと固定する、避難訓練を定期的に行うことによっ

〈リスク分析（ケース：電気設備業界）〉

て、被害を小さくすることはできそうです（リスクコントロール）。

一方、地震による被害は通常の火災保険では保険金が支払われません。すなわち、地震保険に加入していないと、地震・噴火またはこれらによる津波（以下、地震等）を原因とする損壊・埋没・流失による損害だけでなく、地震等による火災（延焼・拡大を含む）により生じた損害も補償対象とならないので注意が必要です。

なお、地震保険の加入条件によっては、建物被害、在庫資材の滅失などの直接的な損害のみならず、従業員の給与、臨時事務所の賃貸料、逸失利益など間接的な損害も補償する方法もあります（リスクファイナンス）。

次に、水災について考えてみましょう。もともと低い土地に事務所や倉庫がある場合には、洪水による被害が懸念されますが、高台にあっても長時間にわたる集中豪雨によって地盤が緩むことによって土砂災害が発生し易くなる場所があります。津波や液状化も同様です。

それでは地形に伴う自然災害はどのようにしたら予測できるのでしょうか。どこにどのような情報があるのでしょうか。こうした情報は、国土交通省や自治体のホームページにある「ハザードマップ」（地震・津波、液状化、洪水、土砂災害等）が参考になります。ハザードマップの中には避難所等の表示があるものもあります。一度、事業所のある地域のハザードマップでどのような災害の可能性があるのか確認されては如何でしょうか。

なお、上記以外の自然災害としては、台風、竜巻、ゲリラ豪雨、落雷、雹（ひょう）、豪雪地帯や山間部では雪災も考えられます。竜巻の発生を予測することは難しいようですが、それ以外は天気予報などから予め情報を得て備えることによって、ある程度被害を抑えられるものもあるかと思われます。

〈偶発事故（賠償責任）〉

電気工事に直接関わる偶発事故は、①工事作業中および作業終了後に

発生する偶発事故（賠償責任）、②販売した商品の欠陥に起因する事故（製造物責任）、③工事現場との往復途上の交通事故に分けて考えてみましょう。

　①工事作業中および作業終了後に発生する偶発事故としては、施工主、テナント、従業員、通行人や周辺住民などの第三者の生命・身体または財産を侵害したことによる不法行為責任（民法709条）が考えられます。例えば、絶縁ミス（不十分な被覆）によって火災が発生し、建物そのもの、テナントとして入っているオフィスの内装と什器備品が消失するなどです。

　さて、こうした偶発事故を考える際に考慮すべきことがあります。それは、電気工事業界の特性から、仕事の受注は、一次、二次、あるいは三次の下請けの階層構造になっているという点です。つまり、元請けであっても下請けがミスをして第三者に法律上賠償すべき損害を与えた場合、下請けに原因（責任）があっても自社は関係ないとは言えないということです（民法715条使用者の責任）。逆に、下請けで工事に入っている場合、自社のミスであっても元請けに迷惑が掛かることになります。そのような状況になれば、その後の受注に大きな影響を与えることでしょう。一般的に階層を下がれば下がる程、企業規模は小さくなり財務的には厳しくなる傾向がありますから、請負賠償責任保険等でリスクをヘッジする必要があります。つまり、下請け会社を使う際は、保険加入の有無、保険てん補条件を確認すべきです。外資系企業との取引では賠償資力を確認するために、請負契約書や売買契約書等で保険の「付保証明書」の提出を求められるケースもあるようです。

　②電設資材商社の場合は、販売した商品に欠陥[64]があった場合、卸であったとしても製造業者と誤認させる表示がある、または実質的な製造業者と認めることができる表示をしている場合は、製造物責任法（PL法）によって責任を問われる可能性があります。なお、製造物責任

法では、被害者である消費者は製品の欠陥を証明するだけでよく、製造業者等が無過失を主張する場合、立証責任は製造業者側にあります。

　③工事現場との往復途上は、作業員のみならず資材や各種工具の運搬もあることから社有車を使うと思います。運行中はどんなに注意深く運転していても交通事故を起こす可能性は常にあります。ケースによっては、高額な損害賠償となることもありますので、自動車保険の対人・対物補償は無制限とするなど十分な保険金額を設定することをお勧めします。

〈保険の活用〉

　各種の賠償責任保険は、企業活動によって生じた法的な経済リスクを転嫁する制度（商品）であり、貸借対照表に載らないもう一つの財布（簿外のファンド）であると以前に述べました。つまり、会社の利益剰余金の額、現金・相当物の多寡、流動性には影響されないで、万一の場合に会社を守ることができるのです。

　実は、賠償責任保険には見落とされがちなもう一つのメリットがあります。それは保険会社が抱える弁護士です。賠償責任における訴訟の範囲は多岐にわたります。仮に、会社が顧問弁護士を雇っていたとしても、その弁護士さんの専門分野は何でしょうか。例えば労務問題がご専門の方にPL事故案件を安心してお任せできるでしょうか？もし、敗訴した場合、争訟費用、賠償金の支払いもさることながら、会社の信用に傷が付きかねません。しっかりした保険会社は多様な訴訟案件に対応するために専門分野毎に強い弁護士を揃えています。つまり、賠償責任保険に加入すると言うことは、特定分野毎に多くの知見と経験のある弁護士を使う権利を得ることになるのです。

　最後に、賢く保険に加入する方法について少し考えてみたいと思います。保険代理店に勧められるままに、考えられる事故の全てに十二分な保険を掛けたとしたら、とりあえず安心できるかもしれませんが、保険

料負担が利益を圧迫しかねません。例えば、純利益率が3％の企業の場合、保険料の差が6万円だとすると、同額を稼ぐためには完工・売上高ベースに換算すると200万円に相当します。同様に90万円なら3,000万円です。3,000万円の完工・売上高を上げるのに、延べ何人の人が営業や現場作業に携わらなければならないでしょうか？

　実際、同じ工事を引き受ける場合（同じリスク）、創業したばかりの余裕のない会社と現金が溜まっている老舗の会社では財務的な体力は全く異なるはずです。つまり、仮に同じリスクを抱えているとしても、会社によって加入する保険条件は違っても不思議ではないはずです。むしろ、その方が合理的と言えそうです。具体的には、財務的な体力を踏まえた保険金額の設定、不要な特約を外す（担保範囲）、保険料を安くできる免責金額の導入など、プロによる保険見直しコンサルティングを受けると、これまで気づいていなかった無駄が見えてくるかもしれません。

―財務・市場、法務編―

1　財務・市場

〈債権管理〉
　債権管理は6社中5社がリスクとして挙げている重要な項目です。工事発注元、資材納入先との取引条件（支払い方法）ですが、現金、約束手形があると思います。電設業界ではその特性から、工事の施工に伴う立て替え金が多額になることもあり、資金繰りが楽ではない企業の場合、運転資金確保のために手形の割引やファクタリングが利用されているようです。また、売掛金の保全手段としては、ファクタリングや取引信用保険の利用が考えられます。ただし、引受けの料率水準が割高で

〈リスク分析（ケース：電気設備業界）〉

〔図35〕売掛金回収の責任者

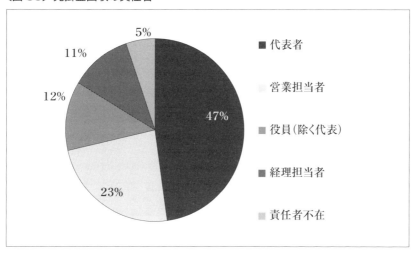

〔図36〕売掛金回収リスクへの対応策

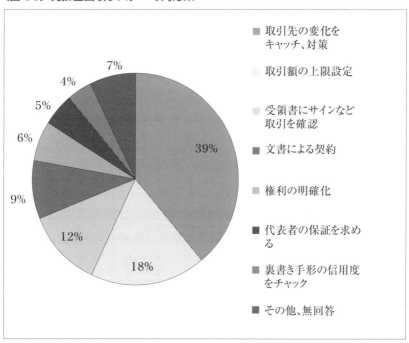

あったり、取引先の信用状況によっては引き受けてもらえないこともあるようです。売掛金の債権管理は連鎖倒産を防ぐ上で極めて重要です。電設業界に特化した調査ではありませんが、会社の中でどのような職位・職務の人が売掛金回収の責任者なのか（単一回答）、売掛債権回収リスクへの対応策、それぞれを〔図35〕及び〔図36〕[65]に掲げておきます。

売掛金の回収責任者は、企業規模や組織体制によって異なると思われます。売掛金（債権）管理体制構築の参考にしてください。〔図36〕は売掛金回収リスクへの対応策です。最も多かった回答は、取引先の異常な変化をキャッチし、早い時期に必要な対策を取るとなっています。そのためには、取引先に日常的に出入りしている社員が、その目と耳で変化を感じ取れることが大切であり、不良債権リスクに関する教育研修を行う必要があります。また、同業他社、業界団体、金融機関、信用調査会社等から取引先に関する情報を定期的に得ることも有効です。ちなみに（株）電業調査会は首都圏の電気工事業者の会社情報に特化したデータベースを構築しているので活用できると思います。第2位は取引額の上限設定であり、より具体的なアクションです。一方、付き合いの長い取引先の場合は、言い出し難いこともあろうかと思います。しなしながら、データによれば、取引期間が長いからと言って、売掛金の管理条件を緩めることは禁物です。第3位〜第5位に挙げられている対応策は、取引において常識的なものばかりです。読者の皆様の取引慣行はどうでしょうか。

〈素材価格の変動〉

電気工事会社であるB社とC社は、資材価格の高騰による収益へ影響の可能性に触れています。上に銅（線）でしょうか。電設資材商社D社は、製造及び販売する空調部材として銅、鉄、ステンレス、樹脂等の原材料を挙げています。国際的な商品相場はもとより、東日本大震災による復興需要やオリンピック需要なども影響があると思われます。素材

価格の高騰対策としては、電気工事会社であれば契約内容や力関係によると思われますが、労務（技術）提供に徹して資材は支給してもらい、その価格変動リスクは負わないという選択肢も考えられます。また、仕入先との大量購入による価格交渉もあります。しかしながら、在庫大量によって運転資金が寝ることになり、流動性とのトレードオフになるので、経営判断を要する事項と言えそうです。更に、商品特性によっては陳腐化のリスクが考えられます。

〈保有資産の評価〉

電設資材商社のＤ社とＦ社が挙げている土地・有価証券等の価格変動リスクです。保有資産の価格変動は基本的にコントロールできませんが、特にＤ社やＦ社のように上場企業の場合は、なぜその資産を保有しているのか、株主に対して説明できるようにしておく必要があります。事業用に直接使用する土地や建物、ビジネス上の政策的株保有であれば比較的説明し易いと思いますが、配当性向の低い株式や投資目的の遊休地の場合は、そうは行きません。なぜなら、資本コストを下回る投資利回りであれば、そもそも資産として保有する意義に疑問符が付くからです。

〈社会的変動と為替相場の変動〉

海外事業を行っているＣ社がリスク項目として挙げています。電気工事業は労働集約型産業であり、一般的に利益率の高い業種ではありませんので、社会的変動や為替相場の変動は大きなリスク要因ということなのでしょう。Ｃ社は売上の30％以上が海外であることから、進出国の政治、経済情勢、法制度の変化による工事の遂行計画や採算、代金回収などへの影響、金利水準・為替相場の変動を挙げています。これらはいずれも一企業でどうにかなるものではなりませんが、政治・経済情勢については、アンテナを張って情報をタイムリーに収集・分析できる体制を整えることに尽きると思われます。具体的な情報メディアについて

は、加藤（2015）を参照ください。現地政府による資産の接収・収容・国有化、外国為替交換・送金の規制などいわゆるカントリーリスク対策としては、NEXI（日本貿易保険）や一部の損害保険会社が対応する保険商品を開発しています。

外国為替の変動対策としては、一般的に、1）資材の現地調達比率引き上げる、2）コストは掛かりますが、為替予約やオプション契約を活用することによって、その変動性をある程度軽減することが挙げられると思います。

〈天候リスク〉

夏季の天候によるエアコンの出荷台数による業績への影響について触れています。気温をベンチマークとする天候デリバティブなどのリスクヘッジ商品は開発されていますが、同業界では余り普及していないのではないでしょうか。

2　法　　務

〈法令違反、規制・制度変更〉

法令違反については、電気工事会社A社、B社、C社、規制・制度の変更については、電気工事会社B社、C社、電設資材商社D社、E社が挙げているリスクです。電設業界は、建設業法、独占禁止法（談合）、労働安全衛生法等による法的規制を受けており、規制・制度の変更、法令違反により行政処分を受けた場合の業績への影響について触れています。列挙されている法令以外にも、政治資金規正法（政治献金）、不正競争防止法、上場企業の場合は金融商品取引法、反社会的勢力との関わりなども経営としては視野に入れておくべきではないでしょうか。

対策としては、役職員に対するコンプライアンス・倫理研修の定期的

な実施、業務遂行上の各種記録の保持、内部での早期告発を可能とする通報者保護など社内の環境整備が挙げられます。

〈品質保証〉

　資材商社Ｄ社が挙げているリスクです。品質保証を行う専門部を設置して品質管理を行っている旨記載しています。

　リスクファイナンスとしては、損害保険会社の商品延長保証保険を契約することによって、メーカーの通常保証期期間を超えたサービス保証を提供することが可能なります。保険料の支出はありますが、経常的には費用を定めた保証期間に平準化する効果が期待できます。

〈知的財産〉

　資材商社Ｄ社が挙げているリスクです。Ｄ社のグループは、研究開発に注力しており、知的財産権を保護するため特許等を出願・取得しているようです。模倣品による知的財産侵害の可能性について述べています。他方、他社の知的財産権を侵害して提訴される可能性もあります。いずれにせよ、国際的に通用する弁護士との連携が重要だと思われます。なお、他社がより優れた技術を開発する可能性についても触れています。

〈情報管理〉

　電気工事会社Ａ社は、業務効率向上のため、総務・会計のほか、工事管理等の社内システムを有しており、人的ミス・自然災害・コンピューターウイルス等による障害が発生した場合の事業運営への支障の可能性について触れています。

　昨今、国内外からのサイバーアタックが激しくなっています。有名な大企業でなくても危弱なシステムは狙われ、自社での被害のみならず踏み台にされ、取引先等にも被害が及んだ事例が報告されています。システム上の対策とともに、システムを日々運用するスタッフに対する教育研修（複雑なパスワードの採用、怪しいメールは開かないなど）も重要と

なってきています。

　また、今後はマイナンバー制度の導入によって、関連業務をアウトソーシングする企業もあるかと思います。その際は、当該サービスを提供するベンダーの情報管理体制、賠償責任を含む契約内容には細心の注意が必要です。

財務諸表分析によるリスク回避

　本稿は、(株)電業調査会の代表取締役社長井口彰久氏との共著(『電業特報』(2015年11月11日)です。

〔財務諸表分析の意義〕
　財務諸表と言うと数字がびっしり並んでいて、どうも苦手という方もおられるかと思います。財務諸表には、損益計算書、貸借対照表、キャッシュ・フロー計算書、付属明細書、株主資本等変動計算書など[66]の種類があります。財務諸表は会社を取り巻く様々なステークホルダー(出資者、銀行などの債権者、従業員、取引先、行政機関など)に企業の経営状況に関する財務的情報を提供する役割を担っています。建設業は一般的に長期の請負工事になることから、仕掛金勘定となる未成工事支出金、流動負債となる未成工事受入金が多額となる傾向があります。特に建設需要が大きい時(好況期)には、総資産に占める流動負債の割合が膨らみ自己資本比率が低くなる現象が見られます。財務諸表を分析することによって、企業の「収益性」「安全性」「生産性」「将来性」を読み取ることができます。紙幅の関係から、本稿では「収益性」と「安全性」に絞って考えてみましょう。

〔「収益性」の分析〕
　電気工事会社の収益力は、完工高の多寡、受注構成、元請・下請・孫請といった請負スタイルによってそれぞれ異なりますが、工事粗利益率で収益力を判断すると思わぬミスにつながりかねません。なぜなら、工事に携わった社員の人件費を工事原価として処理する会社もあれば、一般管理費に計上する会社があるなど、個々の電気工事会社によって認識が異なるため、工事粗利益率だけを捉えて収益力の優劣を判断すること

は正しい分析とは言えないからです。したがって、電気工事会社の本業における収益力を判断する場合は、営業利益（算式の分子）を対象とするべきです。それでは分母は何にすべきでしょうか。電気工事会社の場合は、電気工事の完工高が適切と考えます。会社によっては物販による売上高もありますが、一般的にはそれ程大きくないので本稿では捨象することにします。算式は以下のとおりです。

<算式>

$$\frac{完工高}{営業利益率} = \frac{営業利益}{完工高} \times 100$$

ただし、前述したように電気工事会社の収益力は、完工高の多寡や、官公庁が主体であるとか、ゼネコンの仕事が多いといった受注構成によって異なってきます。ここでは完工高の多寡によって異なるケースを考えてみましょう。仮に、年間完工高が2億円の電気工事会社が5,000万円（工期13ヶ月）の工事を受注した場合、工事の完成時期にもよりますが、2年間における決算上の完工高は大きな変化を伴い、収益も上下します（工事完成基準を採用）。こうした現実を踏まえると、財務諸表の分析を行うにあたっては、電気工事会社を完工高別あるいは決算年度別にそれぞれグループ分けした上で、グループ毎に営業利益率などの平均値を算出し、その数値を基準にして個々の電気工事会社の収益力の優劣を判断するといった相対評価が望ましいと言えます。1都3県の完工高別電気工事会社の収益性（平均値）を〔表15〕に掲げておきます。同じ電気工事会社でも完工高（売上規模）によって収益性に大きな違いがあることが分かります。一方、完工高が増える程、受取勘定滞留月数及び未工受入対未工支出率は増える傾向が見て取れます。受注条件と下請けへの支払い条件との差によるものでしょうか。取引先の「収益性」を

〔表15〕完工高別電気工事会社の収益性（2014年）

財務指標＼完工高	1億円未満	1億円以上5億円未満	5億円以上10億円未満
営業利益率	0.3%	3.3%	4.8%
現預金手持月数	2.4	2.7	2.4
受取勘定滞留月数	1.2	1.8	2.7
未工受入金対未工支出金比率	138.4%	122.1%	52.9%

判断する上で参考にしてください。

〔**「安全性」の分析**〕

次に、「安全性」の指標について検討してみましょう。（株）電業調査会では、首都圏の電気工事会社の決算書データを長年収集し、データベース化しています。企業の安全性を捉える最大の目的は、当該企業が倒産することによって不良債権が発生し自社の利益を圧迫し、最悪のケースである連鎖倒産を避けることにあります。財務分析の視点としては、1）理論値または目標値との比較、2）時系列分析、3）企業間分析（同業他社との比較）などがあります。特に、2）時系列分析では、3年以上の財務諸表を分析することによって業績の変化を読み取ることができます。後述しますが、粉飾決算は単年度では分かり難くても、時系列で分析することによって、その傾向や矛盾点から見抜ける確率が高まります。安全性に関する財務分析指標は沢山ありますが、建設業の経営状況を知る上で大切と思われる3つの指標[67]に絞って解説します。

1) 現金預金手持月数
2) 未成工事受入金対未成工事支出金比率
3) 受取勘定滞留月数

〔表16〕に上記3指標の2014年度の業界平均値（電業調査会保有データ）と経営破たんしたT社のデータを掲載します。

〔表16〕安全性分析の参考データ

	平均値	T社
現金預金手持月数	2.4か月	0.87か月
		0.33か月
未成工事受入金対未成工事支出金比率	52.9%	0%
		0%
受取勘定滞留月数	2.7か月	3.50か月
		3.41か月

注）T社の上段は2012年、下段は2013年の値

1）現金預金手持月数

　現金預金手持月数は短期的な支払い能力を示す指標で、○.○○か月のように表示します。数字が大きい程、財務的な余裕があると言えます。なお、一般的な財務分析で使われる手元流動性比率は分子に換金性の高い有価証券を加え、100を乗じて比率で算出します。

　　＜算式＞

$$\text{現金預金手持月数} = \frac{\text{現金預金}}{\text{完成工事高} \div 12}$$

2）未成工事受入金対未成工事支出金比率

　電設業では長期にわたる請負工事が多いことから、資金的な負担が多額になり易い業種です。未成工事受入金は完成引き渡し前に工事資金を受け入れた場合の勘定で、未成工事支出金は工事原価です。その比率が高い程、安全性も高いと言えます。

　　＜算式＞

$$\text{未成工事受入金対未成工事支出金比率} = \frac{\text{未成工事受入金}}{\text{未成工事支出金}} \times 100$$

〈財務諸表分析によるリスク回避〉

3) 受取勘定滞留月数（売上債権滞留月数）

　受取勘定（売上債権）の残高が全部回収されるまでに要する平均的月数を示しています。一般的には売上債権回転期間と呼ばれ、長いほど資金繰りが苦しくなります。

　＜算式＞

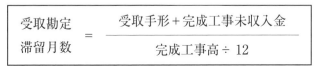

　〔表17〕は（株）電業調査会が対象企業を分析する時に使っている平均値に対する評価基準とそのランク区分です。

〔表17〕財務指標の評価基準

評価	評価基準
A	＋30％以上
B	＋10〜30％
C	±10％以内
D	−10〜−30％
E	−30％以上

　〔表16〕にあるT社は、東京の某区に本社を構える電気工事会社で、2014年に営業を停止しました。現金預金手持月数は1か月を切るようだと要注意ですが、2013年には0.33カ月まで低下しています。前掲した〔表17〕の基準に照らしてみると、評価はEです。受取勘定滞留月数は平均値の1.26倍であり、評価はDです。明らかに安全性が低く、債権管理上要注意の存在だったことが分かります。

215

Part Ⅲ

〔財務諸表分析の注意点〕

　ここで財務諸表分析における注意点とその限界について簡単に触れておく必要があると考えます。それは、

　1）タイムラグ
　2）財務諸表の信頼性　　　の2点です。

　1）タイムラグとは、財務諸表が公表されてから実際に財務分析するまでの時間の経過のことです。上場企業では四半期毎に決算内容を開示していますが、一般的には一年毎ですので、その間に取引先の財務内容が悪化することは十分に考えられます。2）財務諸表の信頼性とは、誤りあるいは意図的な粉飾のことです。例えば、銀行から長期で融資を受けている場合は、固定負債に分類されます。しかしながら、返済期限が1年を切った場合には、流動負債に仕分けを変更しなければならないのですが、中小企業の場合は必ずしも反映されていないことがあります。これでは、例えば流動比率による安全性分析を行っても、その結果に影響を与えてしまいます。

　財務諸表分析は、開示されている財務諸表が正しいと言う前提で行うわけですが、そもそもデータが故意に粉飾されていたら、分析結果に疑問符が付くことになります。そこで、粉飾決算を見破るにはどうすればよいかについて過去の経験から少しお話したいと思います。

〔粉飾決算を見破るヒント〕

　得意先の財務諸表を3期から5期連続で入手した上で、いくつかの関連する勘定科目を時系列で捉えることで、決算を粉飾している危険性の有無を把握することができます。

　一般的に、未成工事支出金および完成工事未収入金はその性質上、完工高の変化にほぼ連動した動きを取ります。完工高が3期連続で増えていれば、未成工事支出金なり、完成工事未収入金も増える傾向になりま

〈財務諸表分析によるリスク回避〉

す。逆に完工高が減れば、同様に減少する傾向を示します。

　3期連続あるいは5期連続で完工高が減っているにもかかわらず、未成支出金や完成工事未収入金がまったく減少していないケースは、決算を粉飾している典型的な動きと言えます。同時に、現預金、当期利益が減少していれば、粉飾の危険性は更に高まります。借入金が増えていればまだしも、借入金が変わらない場合は金融機関からの借入が困難な状況か、もしくは経営者自らの資金投入が限界に達していると考えられますので、資金繰りがひっ迫していると捉えるのが妥当だと思われます。ちなみに、不良債権を貸付金として資産勘定している電気工事会社もあるので、多額の貸付金が計上されている場合は、貸付金の対象を明確にさせることが重要です。なお、建設業許可を取得した、他府県に営業拠点を持たない知事許可の電気工事会社の決算書は、電気工事会社の本社がある各自治体の「建政課」で閲覧・入手することができます。

Part Ⅲ

✺キーワードの解説

■ 加重平均資本コスト（WACC）■

　読者の方が実際にWACCを計算することは恐らくないと思いますが、以下に計算式を示します。市場リスクβの計算は一見難しそうですが、相関係数を求めているだけですので表計算ソフトがあれば簡単に計算できます。興味のある方は、専門書をご覧ください。むしろ、市場環境を考慮した市場リスクプレミアムおよびマイナス政策金利下の無リスク利子率の設定は、決定的な理論が存在しないのでアートの世界です。

$$\mathrm{WACC} = \frac{D}{D+E} \times (1-\tau) \times r_d + \frac{E}{D+E} r_e$$

ただし、D ＝有利子負債総額
　　　　E ＝株主資本総額（時価）
　　　　τ ＝実行税率
　　　　r_d ＝有利子負債コスト率
　　　　r_e ＝株式資本コスト率

　　　　株式資本コスト率は資本資産評価モデル（CAPM）を使う
　　　　株式期待収益率＝無リスク利子率＋β×市場のリスクプレミアム
$$= r_f + \beta_i [E(r_m) - r_f]$$
$$\beta_i = \frac{COV(r_i, r_m)}{\sigma^2(r_m)}$$

〈キーワードの解説〉

r_f = 無リスク利子率

$E(r_m)$ = 株式市場の期待収益率

Part Ⅲ

■ フリーキャッシュフロー ■

　フリーキャッシュフローとは、企業が本業の事業活動で稼ぐ正味のキャッシュフローのことで、資金提供者である株主と債権者に自由に分配できることができるキャッシュのことです。

　一頃、キャッシュフロー経営という言葉が流行りました。フリーキャッシュフローは基本的に大きい方が会社の経営状態は良いと言えます。フリーキャッシュフローは「企業価値」の算出基礎であり、株価予想やM&Aの際に使われます。しかしながら、将来の事業拡大を意図して工場を新設するなど大きな投資を行うと黒字幅が縮小したり、優良企業であってもマイナスになる場合もあります。単年度ではなく、複数年の傾向と事業展開を合わせて判断をすべきです。

　会計上の利益と実際にあるお金の額は異なります。「利益は意見、キャッシュは事実」との格言があるくらいです。「勘定合って銭足らず」という状況に陥れば、会社の存続が危うくなり、最悪の場合には黒字倒産という事態も招きかねません。CFOとしては、細心の注意を払うべき事項です。

　計算式は、以下のとおりです。

　　キャッシュフロー計算書がある場合
　　　　営業キャッシュフロー　＋　投資キャッシュフロー
　　　　　注：投資キャッシュフローが負の場合、そのまま足し込む

　　利益から計算する場合
　　　　EBIT(1−税率)＋減価償却費−設備投資−ワーキング・キャピタル増加額
　　　　　注：EBIT（利払前税引前当期純利益）は営業利益で代用してもよい

〈キーワードの解説〉

■ ROEとデュポンシステム ■

　ビジネス書では、ROE（自己資本純利益率）とROAの関係をデュポンシステムの3要因分解を使って、次のように説明しているものが多いようですので、目にされた方もおられるかと思います。

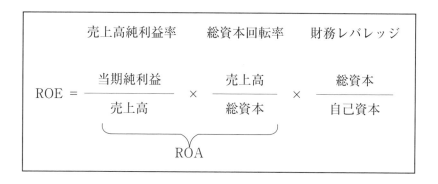

　デュポンシステムは企業の業績管理手法として定着しています。売上高純利益率、総資本回転率、財務レバレッジに分解して分析することができます。自社の過去の数値との時系列比較、同業他社と比較することによって、どこに問題があるのか、対策を実施した場合は、その進捗をモニタリングするのに優れています。また、企業価値評価の分析手法としても活用できます。なお、上記では3要因分解ですが、目的に応じて5要因分解もできます。
　さて、上式では収益性の指標（売上高純利益率）と資金運用力の指標（総資本回転率）を掛けわせたものをROA（総資本事業利益率）と説明していますが、分母である総資本に対応する分子の利益概念は当期純利益ではなく、理論的には金融費用控除前の事業利益です。実務的には、営業利益や経常利益を分子に置いている場合もあります。本書では分かり易さを重視したいので、当期純利益を採用します。なお、資本という時

には、当期首（前期末）と当期末の平均値を使うのが正しいのですが、簡易的に当期末の数値を使うこともあります。頭の片隅にでも入れておいてください。

〈キーワードの解説〉

■ 財務レバレッジ ■

　財務レバレッジは、「てこ」という意味で、総資本に対して自己資本が小さい程（他人資本が大きい程）、ROEを高める働きをします。ROEが大きくなることは株主にとって基本的に歓迎すべきことですが、返済義務のある有利子負債（節税効果のある銀行からの借入金や社債）が大きくなり過ぎると、財務的に破綻する確率が高まります。つまり、資本構成においてトレードオフの関係にあるのです。それでは最適な割合（最適資本構成）は、どうなのかというと、残念ながらその理論は存在しません。井出・高橋（2009）によれば、1）収益性、2）事業リスクの水準、3）投資や資産の性格、4）経営者のリスクに対する許容度、5）社債の格付けなどの制度的要因、6）資金提供者とのリレーションの考慮、7）機動的な資金調達の可能性の確保[68]、を総合的に考慮する必要があります。〔表18〕にあるように、業種によって財務レバレッジの平均値は異なります。私見では、業界のリーディングカンパニーのものを水準の参考にして、個社の状況を反映して財務政策を決定すればよいと考えます。

〔表18〕財務レバレッジ（平成28年度）

業種	レバレッジ	業種	レバレッジ
産業合計	2.42		
鉱業、採石業、砂利採取業	1.42	卸売業	2.70
製造業	2.00	511　繊維品卸売業	2.36
090　食料品製造業	2.10	512　衣服・身の回り品卸売業	2.00
100　飲料・たばこ・飼料製造業	2.02	521　農畜産物・水産物卸売業	3.56
110　繊維工業	2.07	522　食料・飲料卸売業	2.88
120　木材・木製品製造業(家具を除く)	2.61	531　建築材料卸売業	2.81
130　家具・装備品製造業	1.74	532　化学製品卸売業	2.72
140　パルプ・紙・紙加工品製造業	2.53	533　石油・鉱物卸売業	3.20

150	印刷・同関連業	1.96		534	鉄鋼製品卸売業	3.47
160	化学工業	1.79		535	非鉄金属卸売業	3.70
170	石油製品・石炭製品製造業	4.45		536	再生資源卸売業	2.42
180	プラスチック製品製造業	1.99		541	産業機械器具卸売業	2.23
190	ゴム製品製造業	1.68		542	自動車卸売業	2.47
200	なめし革・同製品・毛皮製造業	2.72		543	電気機械器具卸売業	2.06
210	窯業・土石製品製造業	1.88		549	その他の機械器具卸売業	2.49
220	鉄鋼業	2.34		551	家具・建具・じゅう器等卸売業	2.04
230	非鉄金属製造業	2.51		552	医薬品・化粧品等卸売業	2.33
240	金属製品製造業	1.90		553	紙、紙製品卸売業	3.23
250	はん用機械器具製造業	1.85		559	その他の卸売業	2.66
260	生産用機械器具製造業	1.75		小売業		2.38
270	業務用機械器具製造業	1.74		570	織物・衣服・身の回り品小売業	2.23
280	電子部品・デバイス・電子回路製造業	2.14		580	飲食料品小売業	2.28
290	電気機械器具製造業	2.65		591	自動車・自転車小売業	3.27
300	情報通信機械器具製造業	2.41		593	機械器具小売業	2.16
310	輸送用機械器具製造業	1.91		602	家具・建具・じゅう器小売業	1.95
320	その他の製造業	1.54		603	医薬品・化粧品小売業	2.39
電気・ガス業		4.63		605	燃料小売業	2.41
331	電気業	5.38		609	その他の小売業	2.27
341	ガス業	2.02		610	無店舗小売業	1.89
情報通信業		1.96		クレジットカード業、割賦金融業		8.97
391	ソフトウェア業	2.21		物品賃貸業		7.01
392	情報処理・提供サービス業	2.12		学術研究、専門・技術サービス業		2.21
401	インターネット附随サービス業	1.52		飲食サービス業		2.32
411	映画・ビデオ制作業（※）	1.57		生活関連サービス業、娯楽業		2.75
413	新聞業	1.95		個人教授所		2.93
414	出版業	1.34		サービス業（その他のサービス業を除く）		2.09
				サービス業（その他のサービス業）		2.03
				その他の産業		2.95

経済産業省「平成 29 年企業活動基本調査速報」から、純資産≒自己資本と仮定して筆者算出した参考値

〈キーワードの解説〉

■ 引当金 ■

　引当金は、企業にとって避けられない将来の経済的負担の内、当期の収益に負担させることが妥当な項目のみに限定されます。引当金が妥当なものとして認められるためには以下の要件をすべて満たさなければなりません。
- a) 将来の特定の費用または損失に関するものであること（将来の資産減少）
- b) その費用・損失の発生が、当期またはそれ以前の事象に起因していること（収益との対応関係）
- c) その費用・損失の発生の可能性が高いこと（高い発生確率）
- d) その金額を合理的に見積ることができること（客観的な測定可能性）

貸倒引当金および製品保証引当金などは対象となりますが、大地震に備えて設定することは、正当化されません。なぜなら、要件 a) は満たせても、b) から d) を満たせないからです。大地震に備えたリスクファイナンスとしては、地震保険への加入か、任意積立金としての留保が選択肢となります。ただし、任意積立金の場合は、必要額が積み上がるまでに長期間を要することから、いつ、どこで、どの規模で発生するか分からない大地震対策としては限界があります。

Part Ⅲ

■ 減価償却 ■

　会社が営業用に乗用車を 100 万円で購入するとしましょう。代金である 100 万円は購入時点で出て行きますが、購入した自動車はその後、何年間にもわたって使用できます。もし、100 万円を購入した年に全額必要経費に計上したとしたら、その年の経費は膨らむ一方、その後は自動車を使用しているにもかかわらず、購入に関わる費用は掛からないことになってしまいます。これではビジネスの実態と乖離していると考えられます。また、乗用車の資産価値が時間の経過とともに目減りすることは、中古車の値段を見れば肌感覚で理解いただけると思います。そこで、一定のルールに基づいて資産価値の減少分を分割して経費として計上する仕組みが減価償却なのです。ちなみに乗用車の法定耐用年数は 6 年です。

　減価償却は、事業用に用いられる建物・建物付随設備・機械装置・器具備品・車両運搬具などの資産に適用されます。耐用年数は、資産ごとに決まっています。詳しくは、国税庁のホームページ（耐用年数）をご覧ください。

　減価償却は、会計的には実際の資金流出を伴わない費用項目と言われています。実際の支出は購入時ですが、定められた耐用年数に分割して費用計上するからです。つまり、2 年目以降の企業の所得を減じるので、支払う税金を減らす効果があるのです。減価償却の方法には、定額法・定率法・級数法、生産高比例法があります。どの方法を選択するかは、業種、企業の置かれた財務状況等によって決められます。なお、2007 年 4 月以降とそれ以前では、残存価額の取り扱いが異なることから計算式が変更になりました。また、関連する項目としては、特別償却、除却・売却、減損などがありますが、本書の取り扱う範囲を超えますので、興味のある読者は会計の専門書をご覧ください。

〈キーワードの解説〉

　本書は、ターゲットとする企業の経営戦略とそれに伴う投資を理解することが主題ですので、設備投資の動向と償却の程度に着目することにします。減価償却の仕訳方法には、直接法と間接法の2種類があり、貸借対照表（固定資産）上の表示法が異なります。直接法は、有形固定資産の取得原価を減価償却を行う額だけ毎年減少させる方法です。したがって、表示されている数値は、未償却残高を意味します。他方、間接法では、1行目に有形固定資産が取得原価のままで表記されるので、投資された金額が分かります。過年度に遡って比較すれば、いつ、いくらの新規投資が行われたのかを把握することもできます。会社の戦略的な投資姿勢が出るところです。2行目に減価償却累計額、3行目には未償却残高（≒時価）が表記されます。減価償却累計額（2行目）を取得原価（1行目）で割れば、どの程度償却が進んでいるのか（設備の老朽化度合い）が把握できます。換言すれば、物価変動は考慮しなければなりませんが、新価と時価の目安となるのです。

<参考文献>

あずさ監査法人/KPMG（2008）『CFO の実務 企業価値向上のための役割と実践』東洋経済新報社
池内光久・杉野文俊・前田祐治（2013）『キャプティブと日本企業 リスク・マネジメントの強化にむけて』保険毎日新聞社
井出正介・高橋文郎（2009）『ビジネスゼミナール 経営財務入門』日本経済新聞
伊藤邦雄（2014）『新・企業価値評価』日本経済新聞社
稲葉陽二（2017）『企業不祥事はなぜおきるのか』中央公論新社
岩村充（2013）『コーポレート・ファイナンス CFO を志す人のために』中央経済社
落合誠一監修（2014）『業界別・場面別 役員が知っておきたい法的責任 − 役員責任追及訴訟に学ぶ現場対応策 −』経済法令研究会
甲斐良隆・加藤進弘（2004）『リスクファイナンス入門 事業リスクの移転と金融・保険の融合』金融財政事情研究会
加藤晃（2009）「リスク情報の開示に関わる日米比較 − ERMの視点から −」『損害保険研究』第 71 巻 1 号 損害保険事業総合研究所
加藤晃・豊田雄彦・鈴木和雄（2011）『情報と職業 改訂 2 版 −高度情報社会におけるキャリア形成 −』日本教育訓練センター
加藤晃（2012）「グローバル保険プログラムと担当部署」JAVCERM JOURNAL 日本価値創造 ERM 学会
加藤晃・大越修（2015）『テロ・誘拐・脅迫 海外リスクの実態と対策』同文舘
加藤晃（2018）「外部から観察される危機と当事者認識のギャップ − 本業の縮小予測と海外 PL 集団訴訟の事例研究 −」『国際マネジメント研究』第 7 巻 青山学院大学大学院国際マネジメント研究科
可児滋（2013）『金融と保険の融合 究極のリスクマネジメント』金融財政事情研究会
鎌田敬介（2017）『サイバーセキュリティ入門』金融財政事情研究会
神田秀樹（2016）『会社法』弘文堂
北川哲雄（2014）「資本市場ネットワーク革命をもたらす 3 大プロジェクト―企業と投資家の関係が大きく変わる―」『国際医薬品情報』国際商業出版
北川哲雄編著（2015）『スチュワードシップとコーポレートガバナンス 2 つのコードが変える日本の企業・経済・社会』東洋経済新報社
北川哲雄編著（2017）『ガバナンス革命の新たなロードマップ 2 つのコードの高度化による企業価値向上の実現』東洋経済新報社
北出公英・田中鉄・佐藤龍司（2006）『勝者の保険リスクマネジメント入門』東洋

〈参考文献〉

経済新報社
桜井久勝（2015）『財務会計講義　第 16 版』中央経済社
桜井久勝（2017）『財務諸表分析　第 7 版』中央経済社
柴田励司・佐藤徳之・平賀暁（2002）『明日のリスクは見えていますか？－企業の不確実性を最小化する道筋－』文芸社
鈴木瑞穂（2016）『現場で役立つ！セクハラ・パワハラと言わせない部下指導　グレーゾーンのさばき方』日経新聞出版社
寿山岩男（2000）「バミューダ　キャプティブ　最新情報 No.20」保険毎日新聞 3 月 10 日記事
東京海上リスクコンサルティング（2012）「最新リスクマネジメントがよ～くわかる本」秀和システム
武井一裕編著（2015）『コーポレートガバナンス・コードの実践』日経 BP 社
名護市国際情報通信・金融特区創設推進プロジェクトチーム・大和証券グループ金融特区調査チーム（2002）『金融特区と沖縄振興新法』商事法務
奈良武（2007）『企業倒産論　危機管理各論として』産業能率大学出版部
日本保険新聞社（1988）『火災保険免責金額制度の解説』日本保険新聞社
平松一夫・谷保廣（2009）『IFRS と引当金会計』清文社
別所司（2017）「海外事業における外因リスクのマネージメント―安全配慮義務を中心として―」『GLOBAL　VISION』3 月号 GV Group, p.34
冨士挙（2001）「取引信用保険における危険の性格」『東北学院大学論集　経済学第 148 号』　東北学院大学
フリードリッヒ・ヨアキム（2001）「信用保険による円滑な企業間取引の実現」『Credit & Law』No.140 商事法務研究会
宮川壽夫（2016）『企業価値の神秘　コーポレートファイナンス理論の思考回路』中央経済社
宮内義彦（2008）『リースの知識』第 9 版　日本経済新聞出版社
森宮康（1985）『リスク・マネジメント論』千倉書房
安井義浩（2014）「ソルベンシーⅡが議会で可決」ニッセイ基礎研究所
http://www.nli-research.co.jp/report/focus/ 2013/focus140325.html
山岸聡編著（2013）『3 つの視点で会社がわかる「有報」の読み方』中央経済社
山田眞之助編著（2015）『有価証券報告書の見方・読み方』清文社
吉澤卓哉（2001）『企業のリスク・ファイナンスと保険』千倉書房
吉澤卓哉（2006）「日本の事業会社によるキャプティブ保険会社の設立・利用を巡る法的論点」『保険学雑誌』595 巻 pp.41-60　日本保険学会
渡辺章博（2013）『新版　M&A のグローバル実務』中央経済社

Adkisson Jay（2006）"*Adkisson's Captive Insurance Companies: An Introduction to Captives, Closely-Held Insurance Companies, and Risk Retention Groups*" iUniverse

An FT Insurance Report（1995）"Captive Insurance A Threat to the Global Insurance Industry?" Pearson Professional Limited Maple House

Ashby S.G. and Diacon S.R.（1998）"The Corporate Demand for Insurance: A Strategic Perspective" The Geneva Papers on Risk and Insurance 23 No.86 pp.34-51

Banks Eric（2004）"*Alternative Risk Transfer*" John Wiley & Sons Ltd.（小野雅博（2007）『企業リスク・マネジメント入門 - ＡＴＲの戦略的価値用法』シグマベイスキャピタル）

Barney Jay B.（2002）"GAINING AND SUSTAINING COMPETITIVE ADVANTAGE, Second Edition" Pearson Education, Inc（岡田正大訳（2003）『企業戦略論【下】全社戦略編 − 競争優位の構築と持続 −』ダイヤモンド社）

Bawcutt Paul（1997）"Captive Insurance Companies: Establishment, Operation, and Management" Witherby & Co Ltd.（日吉信弘・齋藤尚之 訳（1999）『キャプティブ保険会社 − その設立、営業と経営 −』保険毎日新聞社）

Bernstein Peter（1996）"AGAINST THE GODS THE REMARKABLE STORY OF RISK" John Wiley & Sons, Inc.（青山護訳（1998）『リスク　神々への反逆』日本経済新聞社）邦訳 p.23

Berthelsen Richard, Elliott Michael, and Harrison Connor（2006）"Risk Financing Fourth Edition" Insurance Institute of America

Cloyd Ann Mary, Kinghorn Ron, Berlin Barbara, Chagares Michael, and Hooper Ken（2014）"Board oversight of risk: Defining risk appetite in plain Enblish" PWC

Doherty Neil（2000）"Integrated risk management" McGraw-Hill Companies, Inc.（森平爽一郎・米山高生監訳（2012）『統合リスクマネジメント』中央経済社）

ERM Initiative Faculty（2015）"Integrating Sustainability with Entertprise Risk Management" ERM NCSU

Greenwald Judy（2015）"Smaller companies try captives – Midsize firms opt to retain some difficult, expensive risks" BUSINESS INSURANCE March 16, 2015 pp.15-17

Harrington Scott, Niehaus Gregory（2004）"RISK MANAGEMENT AND INSURANCE Second Edition" McGraw-Hill Companies, Inc.（米山高生・箸方

〈参考文献〉

幹免監訳（2005）『保険とリスクマネジメント』東洋経済新報社）
Hitt Micheal, Ireland Duents and Hoskisson Robert（2009）"Strategic Management: Competitive and Gloabalization, Concepts 8th Edition" South-Western（久原正治・横山寛美監訳（2010）『戦略経営論 競争力とグローバリゼーション』CENGAGE Learning）
Ikeuchi Mitsuhisa（2008）"Captive Program of the Japanese Corporate Insurance Buyers: Why only few of them?"大阪女学院大学 紀要第5号
Lam James（2014）"Enterprise Risk Management From Incentives to Controls, 2nd Edition" John Wiley & sons, Inc.（林康史・茶野努監訳（2016）『戦略的リスク管理入門』勁草書房）
Lerner Matthew（2015）"Captives provide frim foundation for risk management – Retaining expected losses leads to lower costs" BUSINESS INSURANCE April 27, 2015
Marsh Risk Management（2015）「キャプティブの世界：国境なき成長と機会」MARSH & McLENNAN
McNeil Alexander, Frey Rudiger, and Embrechts Paul（2005）"Quantitative Risk Management Concepts, Techniques and Tools" Princeton University Press（塚原英敦、他訳（2008）『定量的リスク管理－基礎概念と数理技法』共立出版）
Narayanan M.P. and Nanda V.K.（2004）"FINANCE FOR STRATEGIC DECISION-MAKING: What Non-Financial Managers Need to Know" John Wiley & Sons, Inc（米澤康博・山本健訳（2008）『経営戦略のためのファイナンス入門』東洋経済新報社）
Night Frank（1921）"Risk Uncertainty and Profit" Houghton Mifflin Company（奥隅栄喜訳（1959）『危険・不確実性および利潤』文雅堂書店）
Quail Rob（2012）"DEFINING YOUR YASTE FOR RISK" Corporate Risk Canada
Sierk R.Welsey（2008）"TAKEN CAPTIVE" RMA PRESS
Shimpi Parkash, Durbin David, Laster David, Helbling Carolyn, and Helbling Daniel（2001）"Integrating Corporate Risk Management" TEXERE
Souter Gavin（2018）"Captive Report – Captive managers anticipate market changes" BUSINESS INSURANCE, March 9
Valsamakis Anthony, Vivian Robert, Toit Gawie（2005）"Risk Management Managing Enterprise Risk Third Edition" Heinemann
Wimley C.J.（2012）"MAXIMIZING THE RECEIVABLES PORTFOLIO" Corporate Finance Review 16.5

脚　注

1) あずさ監査法人/KPMG（2008）p.2
2) KPMGジャパン統合センター・オブ・エクセレンス（2018）『日本企業の統合報告書に関する調査2017』KPMGジャパン　p.07
3) 井出・高橋（2009）pp.288-289
4) McNeil et al.（2005）邦訳 pp.20-21
5) ダッシュボードとは、企業活動の状況を示すさまざまなデータを統合して一覧性のある管理画面
6) www.compudata.com/top-20-financial-kpis-every-cfo-dashboard-should-have/
7) 加藤晃（2009）
8) Harrington（2004）邦訳 p.1
9) Berthelsen et al.（2007）p.1.4
10) Berthelsen et al.（2007）pp1.8-1.11.
11) Lam（2016）邦訳 p.61
12) Ram（2014）邦訳 pp.58-75
13) Shimpi（2001）p.25
14) 地震や台風等のカタストロフィ・リスクを対象に引き受けたリスクを証券化することによって金融資本市場に移転すること。ＣＡＴボンドが有名。詳しくは例えば、可児（2013）を参照。
15) 日本経済新聞「ROE重視が迫る一石二鳥」2015年9月16日
16) Narayanan and Nanda（2004）pp.5-6
17) http://www.oceantomo.com//2015/03/04/2015-intangible-asset-market-value-study/Ocean Tomo
18) 資本の機会費用には、貨幣の時間的価値に対して投資家が補償するために必要な報酬とリスクに対して投資家を補償するために必要な報酬があります。
19) Harrington（2004）邦訳 pp.405-420
20) 『インシュアランス損害保険統計号』（2014）保険研究所
21) 建物の火災保険金は益金で、原則的に非課税です。ただし、簿価を上回る場合は、課税対象となります。圧縮記帳等の税務については、本稿の範囲を超えますので、専門書に譲ります。例えば、『保険に関する税務知識』（2010）日本損害保険代理業協会、『保険税務Q&A』（2014）税務研究会出版局
22) 詳しくは下記のHPを参照。
http://www.tsr-net.co.jp/news/analysis_before/2012/1217431_2004.html
23) 財務的な受容力は、年間ベースでは税引前利益、短期的には支払に問題が生じないように手元流動性（現預金と有価証券）を考慮する必要があります。手元流動性は企業規模によって異なります。一般的には、大企業では1か月、中堅企業では1.2〜1.5か月、中小企業では1.7か月程度は必要と言われています。
24) 桜井久勝（2015）『財務会計講義』中央経済社 p.253　なお、繰越損失の処理には、まず任意積立金を取り崩し、それでも補てんできない場合は、その他資本剰余金、利益準備金および資本準備金の順に取り崩すのが望ましい。同 p.285
25) 甲斐良孝・加藤進弘（2004）『リスクファイナンス入門』金融財政事情研究会　p.109
26) Berthelsen（2006）pp.11.3-11.39
27) フリードリッヒ（2001）p.16-17
28) フリードリッヒ（2001）p.17
29) Barney（2002）邦訳 pp.180-195

〈脚　注〉

30) 加藤晃（2011）pp.59-60
31) 鎌田（2017）pp.2-7, p.16
32) 大阪地判平成 21・10・16
http://www.courts.go.jp/app/files/hanrei_jp/117/038117_hanrei.pdf
33) 東京商工リサーチ・プレスリリース（2012 年 3 月 9 日）
34) http://release.nikkei.co.jp/attach_file/0473160_01.pdf
http://release.nikkei.co.jp/attach_file/0473160_01.pdf
35) https://www.maruha-nichiro.co.jp/news_center/aqli/files/140529_aquli_saishuu-houkoku_full140616_amend.pdf
36) https://ci.nii.ac.jp/els/contentscinii_20180318142818.pdf?id=ART0010416256
10　http://claimsfundingaus.com.au/　2017 年 5 月 27 日アクセス
37) Skipper（2007）p.419
38) 認可済保険は、admitted insurance の訳であるが、保険は全てが認可を要する訳ではなく、File and use や Use and file も存在する。したがって、より正確には、現地における法令・規制を充たした保険という意味である。
39) Skipper and Kwon（2007）pp.363-365
40) Krishnan（2010）p.3 例えば、アルゼンチンでは被保険者と代理店に保険料の最高 25 倍、保険会社に最高 10 万ドル、契約解除、契約に関与した役員への個人的な責任追及など
41) Krishnan（2010）p.2 無認可保険に関して規制が厳しい国（地域）、比較的緩い国、混合的または例外がある国など様々である。カナダのように無認可保険に寛容な国でも州によって課税で異なる場合もある（p.4）。なお、各国の国内法は国内の保険会社の規制を主たる目的としており、無認可保険に関しては十分な考慮がされてない。
42) Krishnan（2010）p.1
43) キャプティブは引き受ける保険リスクとして特定会社、グループ企業以外にも、中小企業が集まった協同組合や非関連事業（第三者）のリスクを引き受けるものもあります。本稿では主として自社のリスクを対象として解説をします。
44) "Business Insurance" March 9, 2017 p.33　また、以下のウェブサイト参照 http://www.businessinsurance.com/article/99999999/WP04/140329910
45) Bawcutt（1997）邦訳 p.10
46) キャプティブには様々な分類方法があります。ピュアキャプティブ、兄弟会社キャプティブ、グループキャプティブ、レンタキャプティブとプロテクティッドセル、リスク保有グループ（Banks　邦訳 pp.164-172）、学術的な分類基準（森宮 pp.77-90）としては、所有関係・組織規模・保険引き受けリスク関係・保険関係・立地の場所・キャプティヴ法の有無・事業展開（単一の市場か否か）、その他では Bawcutt pp.47-51 を参照してください。
47) 再保険の種類には、比例再保険と非比例再保険があります。実務では、比例再保険、非比例再保険及びそれらを組み合わせるなど、プロによる保険プログラム設計が必要です。
48) 外国子会社配当益金不算入制度（平成 28 年 4 月改正）があるので、税務上有利な扱いとなります。詳しくは、税理士に確認ください。
49) キャプティブが抱える諸問題とは、ソルベンシーⅡの影響による資本規制、移転価格税制、タックスヘイブン対策税制、事業環境の変化に伴うキャプティブの移転（リ・ドミサイル）など
50) Souter（2018）p.30
51) Souter（2018）p.32
52) Bernstein（1996）邦訳 p.23

53）森宮康（1985）pp.87-176
54）Harrington（2004）邦訳 p.25
55）別所司（2017）p.34
56）https://www.advisenltd.com/wp-content/uploads/2016/03/RIMS-Book-Summary-Report-2016-04- 06.pdf
57）加藤晃（2012）
58）Harrington（2004）邦訳 p.25
59）東京海上リスクコンサルティング（2012）p.40
60）http://tesmmi.hatenablog.com/entry/2014/12/24/220813
61）桜井（2015）p.110
62）日本経済新聞　2018年3月14日
63）中央労働災害防止協会　　http://www.jisha.or.jp/info/bunsekidata/
64）製造物責任法での欠陥とは、設計上、製造上、指示・警告上の欠陥のことを言う
65）大田二郎（2009）『倒産・再生のリスクマネジメント企業の持続的再生条件を探る』同文舘出版 p.139, pp.142-143 より筆者作成（出版社から転載許可を取得済み）
66）会社法ではキャッシュ・フロー計算書の作成を規定していませんので、取引先が金融商品取引法に該当する会社（主に上場企業）でなければ、作成していないことが多いと思われます。
67）増田・長・久保（1996）『建設業財務分析　1級対応編』中央経済社　pp.86-91
68）井出・高橋（2009）pp.301-303

事 項 索 引

● あ 行 ●

移転…13, 27, 29, 38, 42, 43, 80, 87, 155, 164
オフバランス………………………… 42

● か 行 ●

会社訴訟……………………… 148, 150
火災………………18, 35, 84, 89, 126, 184
加重平均資本コスト…………64, 70, 218
株主…43, 45, 58, 63, 77, 79, 150, 177, 220, 223
株主代表訴訟………………… 148, 150
機関代理店………………………… 17
企業価値………21, 39, 62, 69, 79, 110, 178
期待損失…………………… 25, 26, 92, 166
期待値……………………………… 24
キャッシュフロー計算書…46, 48, 52, 73, 175, 211
キャプティブ……………… 151, 155, 160
偶発損失積立金…………………… 83
グローバルプログラム………………143
経営者……… 31, 43, 62, 77, 79, 186, 217
減価償却………28, 53, 175, 220, 226
現在価値…………………………64, 65
コーポレートファイナンス……3, 14, 62, 69, 178
個人情報保護法………………… 113, 169
個人情報漏洩保険………… 82, 117, 118
固定資産……………49, 53, 89, 127, 133
固定負債…………………………49, 216
コミットメントライン…30, 71, 129, 142
雇用慣行賠償責任保険………… 124, 197

コンプライアンス………………… 2, 208

● さ 行 ●

債権者……………46, 77, 80, 108, 211, 220
財務諸表…… 1, 14, 26, 41, 45, 47, 56, 85, 97, 166, 170, 211, 216
財務レバレッジ………… 75, 179, 221, 223
自家保険…………28, 83, 129, 152, 166
事業ポートフォリオ……… 11, 80, 181
資金調達…15, 47, 52, 64, 106, 142, 175, 223
自己資本………………… 76, 80, 171
自己資本利益率…… 17, 43, 57, 177, 221
地震………35, 84, 103, 128, 132, 182, 225
資本………15, 40, 41, 62, 72, 74, 218, 223
純粋リスク……………………… 24, 101
将来価値…………………………64, 65
信用リスク……………………… 102, 106
ステークホルダー………41, 56, 63, 77, 147, 186, 211
ストレス損失…………… 25, 26, 166
製造物責任……………………… 136, 137
セクハラ…………… 121, 124, 150, 195
損益計算書……… 48, 50, 63, 73, 84, 92, 172, 177, 211

● た 行 ●

第三者訴訟……………………… 148, 150
貸借対照表………… 47, 84, 92, 203, 211
ダッシュボード…………………… 16
知的財産………………60, 73, 102, 209
テロ………………………… 138, 197

235

特定取引先·················194
特別損失·············51, 92, 128, 132
特別利益················51, 85, 178
ドミサイル········155, 158, 159, 160
取引信用保険············107, 108, 204

● は 行 ●

パワハラ············123, 124, 150
引当金···············86, 159, 225
非期待損失················25, 166
非財務情報·················11, 73
ビジネスリスク·············24, 101
表明保証保険·············110, 196
ファクタリング············107, 204
不可抗力条項···············72, 130
フリーキャッシュフロー···55, 70, 220
変動··················24, 102, 193
保有··········25, 28, 29, 86, 152, 166

● ま 行 ●

免責金額············30, 86, 92, 204

● や 行 ●

役員···············88, 90, 147, 150
誘拐············138, 139, 142, 143
有価証券報告書·······33, 57, 96, 193

● ら 行 ●

リース·····················132
利益剰余金······43, 72, 80, 92, 171, 203
リコール保険················136
リスク··········21, 24, 40, 192
リスクコスト······14, 26, 27, 86, 164
リスクコントロール········14, 27, 35, 41,

83, 93, 156
リスクファイナンス···14, 15, 16, 25, 29,
36, 129, 152, 157, 225
リスクプレミアム·······71, 73, 80, 218
リスクマップ·············33, 86, 184
リスクマネジメント···11, 13, 16, 21, 27,
31, 37, 62, 161, 169, 192
流動資産···············49, 174, 176
流動負債··········49, 59, 174, 176, 211

● アルファベット ●

BCP························182
CAT························129
CFO······3, 10, 15, 16, 40, 62, 77, 170, 174
CRO·················14, 39, 170
D&O···················149, 150
DCF··················64, 69, 172
DIC·························145
DIL·························146
EBIT······················220
EDINET················56, 99
ERM··············13, 37, 144
EVA··················64, 69, 72
ICMP······················143
ISO··················24, 172
KPI······················16, 176
M&A············109, 196, 220
MM··············15, 64, 74
RIMS·····················168
RM························11
ROA·················42, 58, 221
ROE →自己資本利益率
TCOR·····················168
WACC →加重平均資本コスト

〔著者紹介〕

加藤　晃（かとう　あきら）

現職：愛知産業大学経営学部教授
職歴：貿易商社を経て、AIU保険会社（現AIG損害保険株式会社）に入社。傷害保険業務部課長、AIGインシュアランスサービス株式会社代表取締役社長、AIU保険会社経営企画部担当部長、AIG株式会社グループマーケティング企画部長、AIU保険会社コーポレートビジネス・ディベロップメント部長を歴任。2016年4月から現職。青山学院大学大学院国際マネジメント研究科および事業創造大学院大学事業創造研究科非常勤講師。
学歴：防衛大学校国際関係論専攻卒業、青山学院大学大学院国際政治経済研究科修士課程修了、修士（国際経営学）、青山学院大学大学院国際マネジメント研究科博士後期課程修了、博士（経営管理）。
著書：『保険マーケティングの発見　無形商品の売り方』（保険毎日新聞社）、『情報と職業』（共著、日本教育訓練センター）、『テロ・誘拐・脅迫　海外リスクの実態と対策』（編著、同文舘）、『ガバナンス革命の新たなロードマップ』（共著、東洋経済新報社）、その他論文多数

	CFO視点で考えるリスクファイナンス
	―顧客本位のコンサルティングセールス―
著　者	加　藤　　　晃
発 行 日	2018年10月20日
発 行 所	株式会社保険毎日新聞社
	〒101-0032　東京都千代田区岩本町1-4-7
	TEL 03-3865-1401／FAX 03-3865-1431
	URL http://www.homai.co.jp/
発 行 人	真　鍋　幸　充
カバーデザイン	塚　原　善　亮
印刷・製本	モリモト印刷株式会社

©2018　Akira　KATO　　　Printed in Japan
ISBN978-4-89293-303-5

本書の内容を無断で転記、転載することを禁じます。
乱丁・落丁本はお取り替えいたします。